Roots of Kriminalitet

RUTER FRA REJECTION til vold.

Overveldende De moralske TVANGER : sinne og følelsesmessige behov.

ANGER .

Emosjonelle behov og nød.

Behovet for å være en noen.

Behovet for å være nødvendig og ønsket .

Stunting veksten av sympati.

Frykten for avvisning OG muren .

EMPATI , sympati , setter på blinkers .

RESPEKT , gjensidighetsavtaler og identitet .

Noen typer RESPEKT og ikke andre.

RESPEKT OG gjensidighets : " IKKE veldig virkelig for seg selv" .

MORAL IDENTITET OG AGENCY .

Følelse av selvtillit : grunne og dype .

Stunting veksten av MORAL IDENTITET : skyld og selvhat .

SELV etablering og mangel på kontroll : den gode siden og den dårlige siden .

Spørsmålet om troverdighet.

Hvor langt er psykologi som framgår særegent antisosiale

PERSONLIGHETSFORSTYRRELSE ?

Gjenopplive og pleie moralske og følelsesmessige vekst .

De betalte VENNER PROBLEM .

SPILLE Shakespeare in BROADMOOR .

NÅ dypt inne.

SKUESPILLERE OG PUBLIKUM : å gi noe tilbake .

Bekymringen OM inauthenticity .

Hjelpe mennesker FJERN blinkers og gjøre noen sprekker i veggen .

KAPITTEL ONE : sokratiske SPØRSMÅLENE I BROADMOOR .

" Psykopater " er på det ekstreme. Verktøyet mest brukt til å diagnostisere

" Antisosial personlighetsforstyrrelse " er en skala kalt " Hare

Psykopati Sjekkliste " , utviklet av den kanadiske psykologen Robert D.

Hare . Det er en cutoff poengsum som bestemmer når du får diagnosen

av antisosial personlighetsforstyrrelse . Og innen den diagnosen , hvis du

nå svært høy score på 30 får du den videre diagnostisering av

" Psykopati " . Noe ofte sagt om dem som ble kalt psykopater ,

og i forlengelsen av om de andre innenfor den bredere kategori , er at

de mangler en samvittighet .

Denne påstanden er spennende . Er det virkelig folk som helt mangler

en samvittighet ? Hvis ja , hvordan kan dette skje ? Er de født med

noe som mangler? Eller skjer noe med dem som ødelegger

sin samvittighet ? Mest fundamentalt , hva betyr det å si at

de " mangler en samvittighet " ?

Etikk er fortsatt undervist

ved fremgangsmåten oppfunnet av Socrates . Dette starter med å spørre folk om

sine oppfatninger om rett og galt , trykke dem til å oppgi de

tro med maksimal klarhet og explicitness . Da er de

utfordret til å forsvare sine synspunkter i møte med counterexamples og

motstridende argument . Studenten er skjøvet inn i en reise på

selv- leting , i stedet for å bli gitt " svarene " ved

lærer . Noen studenter , de som tror blir undervist blir gitt

opplysninger eller konklusjoner å ta bort , blir forvirret av dette og tviler

at de blir undervist riktig . Være at som det kan, læreren

lærer mye om studentene , spesielt om den svært forskjellig

strukturer av moralsk tro og stiler av moralsk tenkning at folk

ha. Dette inkluderer svært ulike oppfatninger om hva det er å bli guidet

av ens samvittighet .

Å si at mennesker med antisosial personlighetsforstyrrelse mangler en

samvittighets kan bety en eller flere av flere ting. Det kan bety

at de mangler noen empati for andre mennesker : at de ikke kan forestille seg

hvordan andre mennesker føler . Eller det kan bety at de mangler sympati : at

de kan forestille følelser , for eksempel de som de vondt , men

bryr seg ikke om dem . Det kan bety at de ikke føler skyld . den

kan være at de mangler visse moralske begreper , slik som "grusom " ,

"Urettferdig ", " uærlig " , "rettigheter " eller " egoistisk " . Eller det kan bety at

de mangler en følelse av moralsk identitet : en oppfatning av hva slags

person de er, eller om hva slags person de håper å være sammen

med et sett av verdier guiding at befruktning . Det virket som om

samvittighet eller mangel på samvittighet av denne gruppen av mennesker var en

lovende felt for undersøkelse.

Dr. Gwen Adshead , en psykiater som jobber på Broadmoor Hospital , har

mange pasienter med diagnosen antisosial personlighetsforstyrrelse .

Hun og jeg fant vi delte en interesse i deres moral eller mangel på det ,

og vi i fellesskap utviklet et prosjekt for å undersøke disse spørsmålene i

noen av de i Broadmoor med denne diagnosen .

Gwen Adshead gjennomført en rekke intervjuer , til syvende og sist basert på

Carol Gilligan sin idé om en " Ethic of care" , men tilpasset til en

undersøkende verktøy , den " Ethic of Care Interview " , av Dr. Eva Skoe .

Kjernen i dette er vurderingen av folks reaksjoner på moralsk

dilemmaer presentert ved hjelp av korte historier .

Jeg brukte en rekke intervjuer for å prøve å sondere folks moral og

verdier ved hjelp av spørsmål basert på de som brukes til å undervise etikk .

Dels i hyllest til oppfinneren av tilnærming , men med kanskje en

snev av innbilskhet, jeg kalte denne serien " den sokratiske

intervjuer " . Denne konto rapporter om disse " sokratiske " intervjuer . å

introdusere dem , vil jeg si litt om antisosial personlighetsforstyrrelse

og deretter skissere kort innholdet i intervjuene og guiding

spørsmål bak dem .

En . Antisosial personlighetsforstyrrelse .

Som en psykiatrisk kategori , er både viktig og personlighetsforstyrrelse

frustrerende . Det er ulike personlighetsforstyrrelser . Lister variere ,

men de fleste har narsissistisk personlighetsforstyrrelse , Schizoid

Personlighetsforstyrrelse , borderline personlighetsforstyrrelse og antisosial

Personlighetsforstyrrelse . Definisjoner av hver av disse har en tendens til å bli uklare .

Typiske definisjoner av den generelle kategorien " Personality Disorder "

se " dypt inngrodd , maladaptive mønstre av atferd som

forårsake ubehag for de som har dem eller til andre. "(CHECK OG QUOTE

HER FRA DSM ELLER ICD .)

Slike kontoer fange noe viktig , men de er fulle av

problemer. Ordet " mistilpasset " høres vitenskapelig , kanskje som en

Ideen stammer fra darwinistisk overlevelse . Men det har også en bekymrings

forslag fra ikke passer godt med gjeldende sosiale normer . på dette

basis , til forskjellige tider , å være en dissident i Sovjetunionen, en

ateist i Saudi- Arabia eller en kommunist i USA kanskje

kvalifisere noen for å ha en personlighetsforstyrrelse . " Mistilpasset " , selv

i mer bokstavelig darwinistisk følelse av ikke å være bidrar til overlevelse

i et bestemt miljø, kan fortsatt inneholde for mye. dypt

inngrodd tapperhet i en brannmann kan ikke bli bidrar til overlevelse .

Og Sokrates hadde dypt inngrodd vane å stille spørsmål som

urolige mennesker , en vane som til slutt førte til hans død .

Slike definisjoner klart inkludere for mye. Men dette kan reflektere over

psykiatere ' filosofiske ferdigheter heller enn deres diagnostiske seg.

Det kan være noe i påstanden ofte laget : " definisjonen

kan ikke være bra , men du kjenner det når du ser det " . Det synes

å være folk -ikke brannmenn eller Socrates - som personlighet virker

messed opp til en slik ekstrem grad at det ødelegger deres

relasjoner og deres liv . De byr på vanskeligheter som er både

konseptuelle (bør dette telle som en " lidelse " for å bli behandlet av

psykiatere ?) og praktisk (finnes det effektive måter å hjelpe dem

endre ?) .

Antisosial personlighetsforstyrrelse , ved alvorlige enden inkludert

psykopati , er arving til en innfløkt historie med moralsk , juridisk og

psykiatriske begreper , inkludert de som er merket ut av det nittende

tallet begrepet " moralsk galskap ", og tidlig tjuende århundre vilkår

" Konstitusjonelt psykopatisk mindreverd " og " sosiopat " . (REFERANSE

TIL Millon , Simonsen og Birket - Smith .) Den moderne oppfatning av et

psykopat har blitt sterkt påvirket av Harvey Cleckley , som var en

Professor i psykiatri ved University of Georgia Medical School Han

rapporterte om psykopater blant sine pasienter i The Mask of Sanity ,

Et forsøk på å avklare noen saker om den såkalte Psychopathic

Personlighet (først publisert i 1941 , gjenutgitt med betydelig

revisjoner i 1950 , med flere revisjoner fram til posthum femte

utgave i 1988) .

Cleckley sin anelse (selv om han visste at han manglet bevis for å støtte det) var

at psykopater ble født sånn : " I økende grad jeg har kommet til

tro at noen subtile og dyp defekt i den menneskelige organisme ,

sannsynligvis medfødt , men ikke arvelig , spiller hovedrolla i

psykopat er rart og spektakulær fiasko å oppleve livet

normalt og å bære på en karriere akseptabelt for samfunnet " . (REFERANSE

TIL Cleckley , har SIDE 403 .) Hans bok to sider, en Påvirke

populære stereotypier og legender om psykopater og den andre

påvirke psykiatrisk tenkning .

Cleckley hadde mange av de fordommer i sin tid og sted . hans bok

inkluderer angrep på moderne " ettergivenhet " , og på " intellektuelle og

esthetes " for sin smak av " det som vanligvis regnes som perverse ,

motløse eller distastefully uforståelig " . Hva de likte inkludert

skriftene til Gide (som " åpent insisterer på at pederasti er

overlegen og foret livsstil blant unge gutter ") og Joyce

(" En samling av lærde vrøvl utvisket til folk flest

fra det kjente ordet salat produsert av hebephrenic pasienter på sikkerhets bydeler i noen stat sykehus ") . (REFERANSE TIL Cleckley , SIDE 7 .)

I sin beskrivelse av en av sine mannlige pasienter som hadde oral sex med

fire svarte menn , Cleckley misbilligelse fokuserer ikke på hvorvidt

menns samtykke var ekte , men hovedsakelig på hans pasientens valg av

partnere . Mannen "hit på tanken om å plukke opp fire Negro menn

som jobbet i feltene ikke langt fra sitt bosted . I en lokalitet

der Ku Klux Klan (og sin velkjente holdninger) på tidspunktet

hatt en god del av popularitet , denne intelligente og i noen

henseender skilles ung mann viste ingen betenkeligheter om å ta

fra feltet disse uvaskede arbeidere som han skjulte i ryggen

av en pickup lastebil , med ham inn i et velkjent sted for amorøs

rendezvous ... Selv om han uttrykte anger og sa at hans prank var ganske

en feil , han virket helt blottet for enhver dyp forlegenhet . "

(REFERANSE TIL Cleckley , SIDE 361 .)

Cleckley bidratt til å skape eller opprettholder den populære stereotypien av

psykopat som egentlig ikke menneskelig , en satanisk monster gjemmer seg bak

maske av tilregnelighet . Dette er " den utsøkt villedende maske av

psykopat " , som bruker ekstraordinære anlegget og sjarm til å posere som en

normal person . " Vi har å gjøre her ikke med en komplett mann i det hele tatt , men

med noe som tyder på et subtilt konstruert refleks maskin som

kan etterligne den menneskelige personlighet perfekt . Dette jevnt drift

synsk apparat reproduserer konsekvent ikke bare eksemplarer av god

menneskelig fornuft , men også passende simuleringer av normal menneskelig

følelser som svar på nesten alle de varierte stimuli av livet . så

perfekt er reproduksjon av en helhet og normal mann som ingen som undersøker ham i en klinisk setting kan peke ut i vitenskapelig eller

objektive vilkår hvorfor , eller hvordan , han er ikke ekte ... Psykopaten , men

perfekt han etterligner mennesket teoretisk , det vil si , når han snakker

for seg selv i ord , svikter helt når han blir satt inn i

praktisering av faktiske levende . "(REFERANSE TIL Cleckley , SIDER 369-370 OG

383).

Blant psykiatere , har Cleckley innflytelse ikke vært om

monster bak masken , men kommer fra sine mektige beskrivelser av

oppførselen til noen av sine psychopathic pasienter.

En minneverdig tilfelle var " Milt " , som var 19 da han kom til sykehuset .

Han hadde gjort mye av antisosiale ting . Når kritisert for dem , han

gjort sjarmerende unnskyldninger , men aldri virket virkelig å sette pris på

alvoret i det han hadde gjort , og gjennomføres på samme måte . ett

Hendelsen var da han kjørte sin mor tilbake fra sykehuset etter

hennes store operasjoner. Bilen blåste en sikring og brøt sammen i midten av

en veldig lang bro . Med mørket faller , Milt sett av å gå til en

garasje halv kilometer unna for å få en sikring . Han sa han ville få en tur og

være tilbake i mindre enn femten minutter . Etter en time hans forvirrede

Moren klarte å få en tur hjem . Hun ringte sykehus for å se om Milt

hadde hatt en ulykke .

På vei til garasjen , hadde han stoppet på en sigar butikk for 10-15

minutter for å sjekke fotballresultater . Så kalte han på en jente som bor

nærheten og pratet casually for en time . Hele denne tiden han husket

hans mor var ventet. Når han til slutt samlet bilen og kom

hjem , ble han sint på sin mor for ikke å ha ventet . Han viste " en blid immunitet til noen erkjennelse av at han hadde opptrådt uansvarlig eller

inconsiderately " . (REFERANSE TIL Cleckley , SIDE 161 .)

Cleckley brukte denne og andre kasusbeskrivelser for å utarbeide en liste over

de karakteristiske kjennetegn på psykopater . disse inkluderte

overfladisk sjarm , upålitelighet , uærlighet , mangel på anger ,

egosentrisitet , emosjonell fattigdom , og en unnlatelse av å følge noe liv

plan . Profilen på " Cleckley psykopat " er opphavet til

dagens tilnærminger til diagnostisering , inkludert Hare Psykopati

Sjekkliste .

I Psykopati Sjekkliste , skiller Hare to "faktorer ", som

er høyt korrelert med hverandre, men som har forskjellig

mønstre av inter - korrelasjoner med andre variabler . Factor One

representerer personlighetstrekk som er typiske for syndromet : " egoistisk ,

uføølsom og ubarmhjertige bruk av andre ". Factor To reflekterer sosialt

avvikende atferd : " kronisk ustabile , antisosial og sosialt

avvikende livsstil " . Dersom diagnosen av å være en psykopat er ment

å forklare anti - sosial adferd , antagelig Factor One gjør mesteparten av

den forklarende arbeid , som Factor To knapt får utover notering

atferd som skal forklares . Og de personlighetstrekk av Factor One

er mer relevante for spørsmål om samvittighet . Elementene i Faktor

Ett er glibness og overfladisk sjarm , en grandios følelse av

egenverd , patologisk løgnaktig, blir conning og manipulerende , mangel

av anger eller skyldfølelse , grunne følelser , å være uføølsom og mangler

empati , og unnlatelse av å ta ansvar for egne handlinger .

(Referanse til Robert D. HARE : Hare psykopati SJEKKLISTE

- REVIDERT .)

Det er spørsmål om hvordan folk ender opp med diagnosen

antisosialpersonlighetsforstyrrelse . De jeg møtte var i Broadmoor som

et resultat av to ting : å ha begått et alvorlig lovbrudd og etter å ha vært

vurdert til å ha en psykiatrisk problem snarere enn som en "vanlig "

kriminelle trenger straff . Det er spørsmål om hvor langt de

er forskjellig fra hensynsløse mennesker i hverdagslivet , som klarer å få

deres måte enten uten å begå forbrytelser eller annet uten å få

fanget . Hvordan sammenligner de med noen av politikere, forretningsmenn ,

mediemagnatene, hoder av akademiske institusjoner, kapteiner av industrien

og andre som kan også noen ganger bli liggende , ufølsom , manipulerende

charmers med en grandios følelse av egenverd og litt anger ? og

hvordan de sammenligner med de som har begått lignende forbrytelser , men

som blir sendt i fengsel i stedet for å se psykiatere ?

2 . AMORALISTS ?

En åpenbare spørsmålet er hvor langt noen med den antisosiale registrering av

Faktor Two , kombinert med glatt , conning , ufølsom personlighet

Faktor Man bør kvalifisere som å ha en " lidelse " i stedet for bare som

være moralsk dårlig . Kunne person med antisosial personlighetsforstyrrelse

lidelse vise seg å være " rasjonell amoralist " som hjemsøker

filosofiske bøker om etikk ?

Minst like langt tilbake som Platon , filosofer skriver om etikk har

gjentatte ganger forsøkt å møte utfordringen for å gi overbevisende grunner til at

noen skulle bry seg om påstander om moral . En form denne

Utfordringen tar er etterspørselen etter argumenter som vil motbevise amoralist . Men dette teoretiske begrepet , den " amoralist " , viser seg

være en glatt karakter.

Den enkle versjonen av amoralist er noen helt egeninteresse

og forberedt hensynsløst å tråkke på noen andre . Men , fordi

samfunnet er satt opp for å avskrekke folk fra å handle som dette , en rasjonell

amoralist blir nødt til å operere i tunge forkledning . For å unngå juridiske

straff eller sosial utfrysing , en selv interessert person skal minst

prøve å " passere " som en som respekterer andres interesser .

Når det underliggende holdning, i det minste blir atferden mindre

av en trussel . En annen endring resulterer hvis amoralist har

vanlige menneskers ønsker for relasjoner . De dypeste relasjoner

er uforenlig med å bli kontaktet i en ånd av egeninteresse

beregningen . Så noen emosjonell involvering med særlig andre

folk kan gjøre noen sprekker i barrieren mot altruisme .

Som et resultat av disse modifikasjoner , er det en paring ned til

konseptuelle kjernen av amoralism . Den rene " konseptuelle " amoralist kan ikke

være egoistisk . Han kan ofte bryr seg om andre mennesker og handle mot dem

med velvilje og selv generøsitet . Men han gjør dette fordi han

vil, ikke på grunn av noen tanker om at han burde gjøre det, eller om

moralske forpliktelser . Konfrontert med " moralske " bruk av ord som " burde " ,

" Riktig" , " galt " , "plikt" , " plikt " , vil han reagere som Oscar Wilde

gjorde da spurt om han var patriotisk : " Patriotisme er ikke en av mine

ord " .

Et av målene med disse intervjuene var å se hvor langt folk med antisosial

personlighetsforstyrrelse gjør eller ikke konvergere med en av disse typene av amoralist .

Tre . Intervjuet SPØRSMÅL OG MORAL begrensninger.

Folket blir intervjuet hadde alle gjort noen forferdelige ting . den

intervju plan startet fra et rammeverk jeg brukte for tidligere arbeid på

psykologi av mennesker involvert i noen av de store tjuende

århundre grusomhetene . Tenker Auschwitz , Gulag , Hiroshima eller

folkemordet i Rwanda , det er et åpenbart spørsmål: hvordan kan mennesker

har brakt seg selv til å gjøre slike ting ? Jeg nærmet dette ved å spørre

om begrensninger i hverdagen som hindrer folk fra

torturere eller drepe hverandre . Jeg foreslo et sett av begrensninger og

Så spurte hva som hadde skjedd med dem i Nazi-Tyskland , Rwanda og andre

steder . Disse intervjuene forsøkt en lignende strategi . Når folk

Ble jeg intervjuet begått sine forferdelige forbrytelser , var den normale

begrensninger overveldet av andre ting ? Hvis ja , hvordan var de

overveldet , og etter hva ? Eller var disse menneskene uten normal

begrensninger ? Uansett , hva som foregikk inni dem ? Hvordan fikk de tror

om hva de bør eller ikke bør gjøre?

Hvilke faktorer som mesteparten av tiden , begrense fra mennesker

grusomhet , vold og drap ? En åpenbar faktor er egeninteresse .

Dødsfallet til en konkurrent kan være lønnsomt . Vold mot en fiende

kan gi psykologisk tilfredsstillelse . Men samfunnet er organisert i en

måte ment å gjøre kostnadene for høy. Normalt for rasjonell

selv interessert folk er slike fristelser oppveies av risikoen for

sosial skam og av langsiktig fengsel .

Of course , for folk flest , er ikke selv interessert beregningen hele historien . Platons genialt enkel " ring of Gyges " tanke

Eksperimentet er designet for å få frem dette . Hvis du hadde en ring som gjorde

du usynlig , slik at forbrytelser ikke ville bli etterfulgt av straff og

skam , ville du ha noen grunn til ikke å stjele , ikke for å voldta eller ikke

å angripe folk som motvirker du ? Ringen av Gyges er en utfordring

å stave ut de moralske ressursene vi har : begrensende motiver som

er ikke bare egeninteresse .

Disse moralske begrensninger er forankret i vår psykologi . sentral blant

dem er det som kan kalles " de menneskelige reaksjoner " . Vi er i stand

føler sympati for andre mennesker . Selv om svaret kan være

deadened eller over- ridd , vi kan bli henrykt av noens glede eller

opprørt over lidelsene deres . Og vi har en tendens til å vise andre

folk respekterer . Igjen responsen kan deadened eller over- ridd . men

den forstand de fleste av oss har av andre menneskers verdighet er en barriere

mot ydmyk dem . Vi er forferdet å se noen bli spyttet

på . Disse menneskelige reaksjoner av sympati og respekt er knyttet til

empati : til våre forestille hvordan det er for andre å

erfaring lidelse eller uverdige .

En annen sentral moralske hemninger er vår oppfatning av vår egen moralske identitet .

De fleste av oss har en idé om hva slags person vi er . vi noen ganger

har et bilde av hva slags person vi ønsker å være , sammen

med verdier som former det bildet . Selv om bildet ikke er godt

utarbeidet eller er delvis bevisstløs , kan det fungere som en moralsk

tilbakeholdenhet . Vi kan i det minste vet hva slags person vi ønsker ikke å

være , og dette kan holde oss tilbake fra å jobbe i våpenhandel eller bli en TV- evangelist .

Spørsmålene ble utformet hovedsakelig for å se hvor langt disse moralske

begrensninger var til stede i de mennene jeg intervjuet . For å gjøre

spørsmål som ufarlige som mulig , unngikk jeg å spørre " har du

en følelse av rett og galt ? "I stedet spurte jeg om hva de ville

lære barna om rett og galt . Jeg har også spurt om , hvis de

kjørte en bil , ville de parkere i en " funksjonshemmet " plass , og hva deres

grunner var for å gjøre eller ikke gjøre det. Der de sa de ikke ville

parkere i deaktivert plass, oppfølgingsspørsmål om grunner kunne

tappe inn i deres egeninteresse : "Jeg ville ikke ønsker å få hjulet - klemte "

eller " det kan være vanskelig hvis folk lagt merke til " . Men det var også

Muligheten for å finne noen av de moralske ressurser : sympati for

funksjonshemmede mennesker , respekt for sine rettigheter eller til og med følelsen av moralsk

identitet : "Jeg ville ikke ønsker å være den type person som var så mener

som å gjøre det ". Noen spørsmål var ment til å utforske deres følelse av

moralsk identitet : " Hvordan vil du beskrive den typen person du tror

du er ? Har du en idé om hva slags person du ønsker å

være? " Andre undersøkt om det var ting som gjorde dem til å føle

skyldig . Andre utforsket sin forståelse av moralske begreper som

rettferdighet .

De som ble intervjuet hadde en diagnose av antisosial personlighetsforstyrrelse

lidelse . De hadde også blitt dømt for minst én alvorlig forbrytelse

som for eksempel drap eller voldtekt . Før intervjuene jeg unngått å finne ut

hva forbrytelser de hadde begått , som jeg ikke vil at mine svar og

visning av dem for å være forutinntatt av denne kunnskapen . Og i løpet av intervjuene

Jeg gjorde ikke spørre dem hva deres forbrytelser hadde vært . (Noen ganger er de

frivillig denne informasjonen uten å bli spurt .) Men, for å

utforske deres evne til empati og sympati , jeg stille spørsmål

langs linjene av " Når du gjorde uansett hva det var , gjorde du forestille deg hvordan

folk du skadet følt ? Kan du forestille deg hvordan de følte ? Visste du

bryr seg om hvordan de følte seg ? "

Disse intervjuene er en del av " kvalitativ forskning " , et begrep som ofte

kontrastert med " kvantitativ forskning " . Fordi spørsmålene er ikke

rettet mot "ja" eller " nei" svar , men er åpent , disse intervjuene

ikke egner seg til kvantitative resultater . Målet har vært en

intuitiv forståelse av hvordan medlemmer av gruppen tenke på høyre

og galt , om seg selv og sine verdier . den intuitive

forståelse kan kanskje sammenlignes med at en historiker prøver å

få en idé om hva Asquith var som fra hans brev , eller prøver å

få en følelse for sinnet av Hitler fra registreringer av hans bord diskusjon .

Slike dokumenter kan ikke egner seg til numerisk analyse , men

fortsatt de kan hjelpe historikeren forståelse .

Et stykke av kvalitativ forskning vil ofte stille spørsmål som

krever kvantitativ forskning . I denne studien, for eksempel, disse

samtaler ikke ble også gitt til en kontrollgruppe. Vi vurderte å gjøre

dette , men bestemte seg mot . Som en kontrollgruppe vi kunne ha hatt en

gruppe studenter , en gruppe mennesker i psykiatrisk sykehus med en

annen diagnose , en gruppe av soldater , en gruppe av sykepleiere , eller en

gruppe mennesker i fengsel . Ulike kontrollgrupper vil generere

svært ulike sett av likheter og kontraster . hver mulig

kontrollgruppe ville ha vippet vektlegging av studiet i en

annen retning . Å ha en kontrollgruppe ville ha tillatt

måling , men vi trodde fordelene av dette ville ha vært

oppveies av vippe effekt . Vi ønsket et bredt bilde av dette

gruppe, ikke et bilde hovedsakelig av de spesielle kontraster mellom dem

og , sier studentene .

Men dette bildet vil heve spørsmål som svar krever

Sammenlignings og kvantitative metoder. Våre intervjuobjekter var

psykiatriske pasienter . De ble også dømt voldelige kriminelle . de

også hadde diagnosen antisosial personlighetsforstyrrelse . å

etablere den særegne bidrag av sin diagnose til hva de

sa ville selvsagt kreve kvantitative sammenligninger med de i

andre rubrikker uten diagnosen . Bildet her er en

skisse . Det har som formål dels å gi en intuitiv følelse for en gruppe personer

hvis egen måte å se ting er ikke mye forstås , og dels til

foreslå hypoteser som kan testes i fremtidige studier .

Intervjuene ble "semi -strukturerte " . Det vil si, et standardsett

spørsmålene var på plass , men det var ikke strengt overholdt . Målet var

noe mer konversasjon . Informality kan oppfordre folk til å være

mer imøtekommende . Og , når noen sa noe interessant , følte jeg

fri til å følge den opp uavhengig av det opprinnelige plan. Dette gjorde

intervjuer enda mindre utsatt for kvantifisering , men jeg håper dette

Ulempen har vist seg å bli mer enn oppveid av interesse av hva som var

sa .

KAPITTEL TO : Konturene av en moralsk LANDSKAP .

MORAL DYBDE OG overfladiskhet .

Ett tema av spørsmålene var om hva slags ting er galt ,

og hva som gjør dem så. (Vanligvis satt i forhold til hva barn bør

læres , i et forsøk på å gjøre spørsmålet mindre truende eller

anklagende .) Spørsmålet banket inn det store utvalget blant

intervjuobjekter på et kontinuum mellom det som kan kalles moralsk " dybde "

og " overfladiskhet " .

Spørsmålet om hva som er galt noen ganger fremkalte svar av

slående overfladiskhet .

CQ : De skal ikke sverge , du vet , gjør hva moren din sier at du skal

vet , du vet , gjøre det bra på skolen , når du vokser opp , du vet . Vær

forsiktig med hvem du blander med . Ikke snakk med fremmede , vet du . Ting

sånn ...

Som er mer feil -mobbing eller banne ? Hm , banning og mobbing

er galt , både feil i mine øyne . Både det samme ? Ja, både det samme .

(QUIGLEY 1,2 .)

IQ : Men de sa at jeg har satt meg selv en ganske høy moralistisk standard .

Hva kan du si om dine svært høye moralistiske standarder ? Vel , jeg

ikke sverge foran kvinner .

Jeg er respektfull . Jeg mener jeg tror på å åpne dører , og hvis en

kvinnelig er å vandre langs , det være seg en pasient , eller en av de ansatte , la jeg

dem gå gjennom døren først , og sånt ...

(Questor 6 .)

Andre var ganske uartikulert da bedt om å gå utover oppføring

spesifikke ting de trodde galt og å begrunne elementer blir

på listen. Men noen ganger en mer generell visning (for eksempel "ting dere

ville ikke like om de ble gjort mot deg "eller" ting som i det lange

løp vil ikke gjøre deg lykkelig ") gjorde dukke opp .

QA : En dag jeg kjøpte min kone et dusin røde roser og sette dem på toppen av

TV for når hun kommer inn, og når min sønn se dem Han dro

dem av med en saks . Vel , det gjorde jeg ikke tukte ham . Min kone

tuktet ham . Hvis du hadde snakket med ham , hva ville du ha

likte å sette over ? Hva tror du barna bør bli undervist om

rett og galt ? Ikke for å gå ut å stjele. Ikke å gå ut slåss og

bare gå bort . Det tar en bedre mann til å gå bort enn bare stående

og kjempe . Ikke for å gå ut og kalle folk navn og alt det der. for ikke å

komme i trøbbel , egentlig . Men hvis du var å bringe opp barn ,

du skulle tenke på å fortelle dem disse tingene ... De må ikke kutte roser av,

de må ikke rope etter andre mennesker . Enn barna sa ,

" Hva gjør alle disse tingene galt ? Hva er det de har til felles

som gjør at de tar feil ? Vel , det er bare fornærmende , det er alt . Det er bare

fornærmende ... å være fornærmende hele tiden . Enn om du var å bringe opp en

barn, og han sier: " Du forteller meg alle disse tingene er galt , men hva

gjør dem feil ? Hva gjør alle disse tingene -stjele og lyve og

misbruker folk - hva gjør dem helt feil ? Vel , det gjør dem galt

- Det er ikke deres eiendom . Det tilhører noen andre . Noen andre har

kjøpte den , eller bygget det eller hadde det gitt , eller noe sånt , og

det er ikke din eiendom . Det er deres besittelse . Det er deres. Hva om

roper etter gamle mennesker ? Hva gjør det galt? Roper etter gammel

folk ? Vel , jeg synes det er mickey - tar mer enn noe annet. det er galt , misbruker gamle mennesker . Gamle folk ikke snu og starte

rope, ronket , men jeg pleide å tukte mine to små jenter når

de pleide å rope på Mrs. Hopkins som pleide å bo ved siden av. hun hadde

to pinner og de pleide å ta Mikke ut av henne ... En dag de

kan være den samme, og noen kan begynne å rope på deg og hvordan

ønsker du det ?

(ASH 2, 3. .)

Hva er forskjellen mellom dybde og overfladiskhet her ? dybde kan

kommer fra seriøs refleksjon på hvorfor tingene saken . denne refleksjonen

kan dreie seg om seg selv . Hva slags liv ønsker jeg å lede og hvorfor ?

Hva slags person ønsker jeg å være ? Det kan dreie seg om religion eller

samfunnet . Ingenting av dette nødvendigvis innebærer mye bekymring for andre

folk . På den annen side dybden kan komme , ikke fra refleksjon , men

fra en intuitiv følelse for andre mennesker og for hva som er viktig for dem .

Spørsmålet om hvordan du ville like det hvis noen begynte å rope

at du har minst noen dybde . Men vekt på å la kvinner gå

gjennom døren først , og på ikke banne er grunne fordi

konvensjonelle. De viser ingen tegn enten av refleksjon på grunner eller av

en føler for det som virkelig påvirker mennesker . Dette gjelder klarest til

den oppfatning at banning og mobbing er like ille.

Egeninteresse og Ring of Gyges .

Det var spørsmålet om hvilke prinsippene for seleksjon, hvis noen, de

brukte. De ble spurt om hvorfor de ville lære barn å gjøre noen

ting og ikke å gjøre andre. Noen svingte mellom årsakene til at

appellerte til ideer om rett og galt , eller til bekymring for andre mennesker og årsaker appellerer til egeninteresse . Hovedvekten var sterkt på

egeninteresse .

Når du snakker om yngre barn , sier barn i alderen ca 6

eller 7 , hva ville du lære dem om rett og galt ? Z.C : Vel , jeg

ville lære dem ... for ikke å oppføre seg dårlig , for ikke å stjele . Jeg ville fortelle dem

årsakene , though. Jeg vil ikke bare si til dem -ikke stjele fordi

det er galt . Jeg ville fortelle dem grunnen . Fordi hvis du stjeler , den

Politiet vil ta deg til slutt , vil de låse deg opp og du

ville lide. Jeg ville fortelle dem på den måten . Kjenner du noen andre

grunner ? Vel , at det er galt . Jeg ville forklare dem - hvordan ville du

som noen til å stjele din eiendom ? Du ville ikke like . Så ikke stjele

andres eiendom . Og også fordi det er viktig -vil du være

låst opp , låst i fengsel og godt du lider . Du mister din

frihet .

(CRINOS en .)

Andre ga grunner som appellerte rett og slett til egeninteresse .

Hva ville du lære dem som er rett og galt ? Hva har du i

tankene ? NB : Um , lære dem til ikke å snakke med fremmede , um , ikke for å komme på

på feil side av loven , bryter loven , um , lære dem ting som

Jeg har vært gjennom , lære dem ikke å gjøre det jeg gjorde , type ting , så

lære dem annerledes . Få en god utdannelse , få en god jobb . anta

du var å lære barna til ikke å snakke med fremmede , få en god

utdanning , ikke å bryte loven . De snur i en alder av 13 og

si: "Vel , OK , du forteller oss alt dette , men hvorfor ? Hva er grunnen

bak det hele ? Hva ville du si ? Um , [lang stillhet] Fordi du trenger en jobb i livet og en god utdannelse i livet for å komme noen vei . Hvis du

ikke gjør det, da er du bare kommer til å være um , på arbeidsledighetstrygd , som bor på vandrerhjem

og hybler for aldre , ingen penger , knapt noen klær , kan ikke få deg

et godt måltid . Og det er derfor du trenger en god utdannelse og en jobb , og

når du er på arbeidsledighetstrygd og bor i en hybel , og du har ingenting

navnet ditt , så du begynner å stjele fra butikker, mat fra butikker . du

blir tatt, får du i trøbbel med loven . Så egentlig du forteller

dem hvordan de skal ha et lykkelig liv ? Yeah .

(BLACK to .)

Når resultatet av å bli tatt er så fremtredende blant årsakene ,

det er naturlig å lure på hva spørsmålet om ringen av Gyges vil

lokke fram . Noen, forståelig nok , var litt kastet av det . Noen ganger er det

var vanskelig å være sikker på hvor langt svarene deres reflekterte en reell holdning

og hvor langt de reflekterte behovet for å si noe som et svar på

spørsmål de fant vanskelig og kanskje trykksetting .

Generelt tror du folk bør gjøre det rette? L.F : Yeah . selv

hvis de kunne komme unna med å gjøre gale ting ? Hva er grunnen

for å gjøre det rette hvis du kan komme unna med å ikke gjøre det ? si

igjen? Vel , antar at du kan komme unna med å ikke bli tatt ,

hva er poenget med å bry seg om å gjøre det rette ? Vel , jeg

vet ikke [han ler] for å være ærlig . Um , avhenger , jeg vet ikke , jeg

vet ikke . Det var en gang en filosof som sa at hvis vi hadde en

ring som gjorde oss usynlig , ville det være et spørsmål om hvorvidt

vi trenger bry seg om moral i det hele tatt ... Hva ville du tenke på

noen som sa: "Vel , vi trenger ikke å bry deg om rett og

galt , hvis vi kan komme unna med det på grunn av å være usynlig " ? jeg

dunno . Vil du føler du hadde noen grunn til å gjøre det rette ? Nei,

ikke egentlig . Du kan stjele , men du var usynlig slik at ingen skulle se

det er deg . Du ville gjøre det ? Vel , jeg antar det , ja .

(Farleigh 12 .)

Andre ble ikke så kastet av spørsmålet . Ofte den første responsen er

å tvile på troverdigheten i hva en slik eventyrtankeeksperimenter

anta . Vil usynlighet virkelig være en pålitelig beskyttelse mot

å bli tatt ?

Den greske filosofen Platon hadde ideen om at hvis vi hadde en ring som

gjort oss usynlig , ville det være et spørsmål som vi hadde noen grunn

ikke å stjele . Hvis vi hadde en ring som gjorde oss usynlige , ville vi aldri være

fanget . Ville det være noen grunner til ikke å stjele da ? Z.C : Si

du er usynlig , kan du komme unna med det kanskje hundre ganger .

Men til slutt vil de suss deg ut - noen som er usynlig er

gjør dette, og de vil trolig være mer ... ser ut for ... Så du vil

bli fanget i slutten ? Ja ... De suss ut at noen usynlig person

gjør dette. Det er noen filmer der de viser usynlige mennesker og

til slutt de fanget dem .

(CRINOS 7 .)

Men neste reaksjon var ofte å tenke på at en effektiv versjon

ville fjerne eventuelle problemer om å stjele , selv om detaljene i denne

tankegang var noen ganger bisarre .

Men hvis jeg kunne slippe unna med det - hvis jeg virkelig kunne komme unna med det

forever - antok jeg visste bare at jeg kunne komme unna med noe , ville det være noe problem i å gjøre det da ? Z.C : Det ville ikke. Nei , du er

høyre. Det ville ikke være et problem . Hvis du var usynlig og , si,

holdt drepe mennesker, og du kan ikke bli fanget , så til slutt , og

du ville være den eneste personen på planeten , og du ville være ensom etter

selv om du drepte alle.

(CRINOS 7 .)

Et synspunkt var at på seg ringen av Gyges ikke ville stoppe handlinger blir

feil , men at mangelen på konsekvenser for brukeren ville bety

wrongness gjorde ikke saken.

Hvis et barn hadde den ringen , hva ville du lære dem ? Ville det være

noe de ... JF : Være over loven , ett skritt over loven . ville

de tingene som fortsatt vil være galt , selv om du kan alltid få

bort med dem ... Det ville være galt , ja , men hvis du kunne komme unna med

det , vil du være ett skritt over loven . Så , er det greit? det er

all right , ja .

(FALL to .)

For noen , ville ringen har resultater som var bedre enn " alle

rett " . Det ville være en flott mulighet .

Hvis vi hadde en ring som gjorde oss usynlig , ville det være en grunn til

bry seg om rett og galt ? Fordi du kan fortsatt ha en god

livet , fordi du aldri blir tatt? N.B : Det ville være min perfekt

drømmer , som ville. Det ville være en perfekt drøm . Det ville, ja .

Hvis du nettopp gjorde noe , kunne ha noe ... Og vil du gjøre det?

Jeg ville, ja .

Hvis du kunne få et godt liv ved å gjøre ting som er galt , fordi du kan ikke bli fanget , så det ville ikke være noe problem ? ... Jeg tror ,

fordi jeg visste at jeg kunne komme unna med det , men kan du bruke ringen

på en måte der du ikke bare kunne gjøre gale ting , men få et godt liv

av ved hjelp av ringen som også? O.K , hvordan ville du bruke ringen for en

gode liv ? Um , hus, biler , båter , helligdager. Dette ville være å ta

disse bilene og båter og ting , ville det? Oh , yeah, ville du være ,

ja.

(BLACK tre .)

Men , delte ikke alle den generelle entusiasmen for ringen . ett

trodde samvittighet ville fortsatt fungere .

Hvis vi kunne bli gjort usynlig ... vi ville ikke ha noen grunn til å bry

om å respektere andres rettigheter fordi ingen ville vite det

var oss . Hva tenker du om det ? B.F : Er, jeg tror at hvis du hadde

ultimate psykopat uten samvittighet , så du kan komme unna med det ,

Ja. Men jeg tror ikke det er noen her som ... Jeg kan ikke forestille seg ,

kanskje det er , at det er noen som har samvittighet ville tillate

dem til å komme unna med det . Eller , jeg vet ikke , det høres ut , hvis du var i

slags posisjon hvor du ønsker å gjøre det , um , jeg kunne gjette at

du ville ikke bare være fornøyd med å gjøre det .

(Fellows tre .)

AMORALISTS ?

I intervjuene , den (utbredt, men ikke universell) entusiasme for

frigjørende effekten av ringen av Gyges antyder noen affinitet

med den hensynsløse egeninteresse av enkle amoralism . Dette er utstyrt med

forventningene jeg hadde , basert på stereotypien om " mangler en samvittighet " . Men , mot at stereotypien , deres syn ikke passet

den konseptuelle kjernen av amoralism : unnlatelse av å forstå , eller

avvisning av , vokabular av moralske begreper . For det meste

de ikke hadde forlatt (eller unnlatt å kjøpe) den moralske vokabular av

rett og galt , godt og ondt , rettferdig og urettferdig . Og viss moralsk

konsepter og tanker i særdeleshet var dypt forankret i den

utsiktene for mange av dem .

Rettferdighet og respektere RETTIGHETER .

Blant de moralske begreper som hadde et sterkt grep på de fleste av de

intervjuet var rettferdighet og respekt for folks rettigheter . Noen ganger

respektere rettighetene ble knyttet til å la folk leve sitt eget liv

og rettferdighet ble sett på som likeverdig behandling . Disse kombineres i tanken

at ulike grupper , for eksempel menn og kvinner , bør være like fri

å leve sine egne liv .

ZC : I min søsters tilfelle , skulle ønske jeg hun føde barnet ,

fordi jeg liker å ha mange nevøer og nieser . Men det er ikke opp

til meg . Jeg mener, jeg kan ikke gå og fortelle min søster - oh , gå på, du har

baby, enten du liker det eller ikke . Jeg kan ikke gjøre det . Det er opp til min

søster . Det er opp til den enkelte . Så en av dine verdier er respekt

enkeltpersoner ? Hvilke andre verdier tror du at du har ? Hvem, jeg ? Ja.

Verdier , eh ? [lang pause] Vel, jeg snakket med en psykolog i lang tid

siden . Jeg tror på - Jeg tror at kvinner bør være så lik som

menn er. Jeg mener kvinner bør få lov til å gjøre hva jobben mennene

gjør- de bør få lov til å gjøre det også. Hvis de er gode på det ,

de bør få lov til å gjøre det . Jeg tror også at kvinnen -I

mener, hvis kvinnen går ut og har god sex med menn, noen menn

vil kalle henne et ludder . Men jeg er ikke enig med det. Menn liker å gå og

har masse sex med kvinner , så en kvinne skal få lov til å ha

masse sex med menn . Er dette et spørsmål om rettferdighet ? Det er , ja . Hva

er rettferdighet ? Hva betyr det å være rettferdig eller urettferdig ? likestilling til

alle. Uansett hva de har lov til å være, bør de andre være

lov til å leve .

(CRINOS 4 .)

Noen ganger bekymring for rettferdighet og for rettigheter var knyttet til

fantasifull bevissthet om hvordan andre kan føle når de ble behandlet urettferdig

eller når deres rettigheter blir ignorert . Mannen som har samvittighet ville ikke

la ham slippe unna med å bruke ringen av Gyges appellerte til fantasien

her .

Tar bilen for å få dagligvarer , hva ville du gjøre hvis det var en

mangel på plass , og det var en funksjonshemmet plass , ville du parkere i

funksjonshemmede plass og til eller ikke ? B.F : Nei, ikke i det hele tatt ? Ikke i det hele tatt ,

no. Hvorfor ikke ? Er, fordi det er en spesiell grunn . deaktivert ha

problemer med mobilitet , og du vet at det ville være ingenting stoppe meg

parkere langt unna og vandre med shopping ... men noen mennesker

har

en .. trenger rullestol, uansett , for å komme seg rundt ... eller rullator , så jeg

ville ikke , ville det være svært urettferdig , um ... Urettferdig ? Ja , på noen potensiell

funksjonshemmet person som ønsket å bruke den. Ja. Hvordan kan du bestemme hva som er

rettferdig og hva som er urettferdig ? Um , jeg antar at en del av det er ned til , ville

det føre til nød, skape problemer for noen? Ja. Og , eh, du

vet , er det å se på fordeler og ulemper med noen avgjørelse antar jeg, eh, ja

det ville spare meg tid og krefter hvis jeg parkerte der, men mengden av

innsats og tid en funksjonshemmet person ville miste ville massivt oppveier

at . Så det er delvis en slags største lykke for flest

slags problem , (eller minst elendighet) ? Um , delvis , men det er ikke utelukkende bare

at . Nei, hva annet er det ? Um , jeg antar at det er delvis hvordan jeg føler om

det likevel. Når du sier "hvordan du føler deg" hva har du i tankene ? Um ,

vel jeg antar at noen har opplevd på et tidspunkt funksjonshemmede

blir ignorert , deres rettigheter blir ignorert , og måten som kan gjøre

dem til å føle . Og hvis du er ganske fornøyd med å bare sette opp med det, da,

eh, har du sannsynligvis ikke vil ha så mye av et problem med å bruke sin

parkeringsplass , men , eh, hvis du ikke er , så ...

(Fellows 1,2 .)

Men dette appell til fantasien var sjeldne. For de fleste andre intervjuobjekter ,

mens respekt for folks rettigheter var viktig , det var ikke

spesielt knyttet til noen empati eller sympatisk følelse for mennesker

hvis rettigheter er over- ridd.

Tror du det er galt å parkere i en funksjonshemmet plass ? O.A : Ja, det gjør jeg.

Hvorfor er det galt ? Fordi det kan være noen som kommer inn for å bruke

plassen som er deaktivert og kan ikke parkere der. Det er ikke hva jeg ville gjort

gjøre . Er det fordi du synes synd på den funksjonshemmede ? Nei, det er

fordi funksjonshemmede har fått rettigheter akkurat som normale mennesker . Ja ,

det er bare å respektere deres rettigheter ? Ja, jeg respekterer deres grunnleggende rettigheter .

(ADDISON en .)

Det er verdt å utforske dette sterkt engasjement for rettferdighet og respektere rettighetene , men som ikke stammer fra fantasi sympati

med de som urettferdig behandlet . Det er et dominerende trekk ved denne moralske

landskapet . Hvor kommer den fra ?

KILDER av moral UTEN sympati.

Ett intervju brakt ut et motiv for å respektere folks rettigheter som

ekko Hume anke til stabilitet og andre fordeler som kommer

fra taus gjensidige konvensjoner til å respektere hverandres eiendom .

Q.A : Det er ingen stjeling i det hele tatt . Jeg har aldri hørt om en pasient

stjele fra en annen pasient på sykehuset . Hvorfor tror du at

er ? Vel , jeg antar at de respekterer hverandre . Jeg har fått en telly , har jeg fått en

undulat , en Walkman - all den slags ting . Og jeg forlate min dør åpen .

Hver pasient har allerede fått samme type ting . De gjør en bit

med å bytte , wheeling og håndtere mellom hverandre , men de har ikke

gå å stjele fra hverandre . Du nevnte om å respektere hver

andre. Du respekterer folk mye vet ? Jeg respekterer folk hvis de snakker til meg

og behandler meg OK . Hvis de ikke gjør det , jeg bare ignorere dem . Jeg vil ikke ha

ingenting å gjøre med dem . Jeg vil ikke ha noe å gjøre med en hvilken som helst

bråkmakere eller noe sånt nå ...

(7, ? 8. ASH ?).

På sykehuset virket det å være et sett med stilltiende konvensjoner som

gikk utover respekt for eiendom .

På sykehuset her er det en slags moralsk kode som folk adlyde

om hva du gjør med hverandre , hvordan du behandler hverandre og så videre ,

eller ikke ? Er det ting som de fleste pasienter vil være enige om var galt

når noen person gjør det til en annen pasient ? J.Q : Ja, jeg tror det.

Det er ingenting faktisk sa , eller skrevet ned , men det er liksom

generelt akseptert at , uten at noe noen gang blir sagt , av hva som er

og hva som ikke er gjort . Hva vil du si er de tingene i den moral

koden? Um , jeg mener , i likhet med , homofili , i privat OK , offentlig, nei .

Ting som det , vet du ...

Det er en slags akseptert regel at du ikke spør folk om deres

historie eller noe sånt.

(Quirk , 12-13 .)

Fremveksten av en slik avtale krever noen ide om hva andre

sannsynligvis vil og hvordan de er sannsynlig å oppføre seg som svar på

stilltiende forståelse blir holdt eller brutt . Men å ha empati for ,

eller bry seg om , andres følelser er ikke avgjørende . dette

Strategien er i beste fall en minimal skritt bort fra egeninteresse

amoralism .

Sympati er ikke den eneste veien bort fra amoralism . De fleste folks

moralske outlook kommer fra en rekke kilder . Noen er knyttet til

sympati og noen er ikke . I intervjuene , tre elementene ikke

knyttet til sympati spilt en stor rolle . Det ene er hva som kan kalles

"Kommandoen moral" . De to andre er versjoner av rettferdighet , en basert

på hva som kan kalles " primitive likestilling " og den andre basert på hva

folk fortjener .

COMMAND moral .

Ett eksempel på kommando moral er funnet i autoritære versjoner av

religion : " dette er galt fordi Gud har sagt det , og det er ikke rom

for videre diskusjon . " En annen versjon er holdningen mange mennesker har til loven i landet : " det er ikke for meg å bedømme hvorvidt

grunner for en lov er god eller dårlig ; Dette er ulovlig og slik det skal

ikke gjøres " . Immanuel Kants setning " moralloven " bringer ut

paralleller mellom hans sekulære moral og både guddommelig og

Parlamentariske lovene . Noen har klaget over at hans tilnærming har en

skjult avhengighet på ideen om en guddommelig lovgiver disse kritikerne mener

fortsatt lurer bak den tilsynelatende sekulære moralloven . Og , ser på

religiøs moral selv, Freud kjent så, lurking i sving bak

den guddommelige lovgiver , kommandoene og irettesettelser av et barns faktiske

far . Den guddommelig inspirert " samvittighetens stemme " var etter hans syn

den internalisert ekko av skyld- induserende foreldrenes stemme.

Ingen av de intervjuede nevnte Gud eller ga religiøse grunner i

støtte for sine moralske overbevisninger , og det var bare en av dem som

selv kanskje har hørt om Kant . Uansett sannheter eller illusjoner som ligger til grunn

sine ulike teoretiske versjoner , kommando moral var en tilstedeværelse i

intervjuene . Ikke overraskende , foreldre kommandoer var det viktig

de, som i tilfellet med mannen sitert ovenfor som trodde mobbing og

banning var like galt :

Hvorfor sverger galt ? C.Q : Vel det er bare slik at jeg ble brakt

opp , ikke banne på folk . Det er slik min mamma og pappa tok meg opp ,

du vet . Vi ble brakt opp til hva som var galt og hva som var riktig

og det, vet du . " ...

(QUIGLEY , 1,2 .)

Andre antydet foreldrenes autoritet som grunn for å holde

bestemte oppfatninger . I ett tilfelle ble dette kombinert med Queen å være sentral i noen av deres innhold . Muligens blir brakt opp med

en kommando moral oppfordrer til en generell vilje til å utsette til de

sett på som å ha autoritet .

LN : Jeg tror dødsstraff for visse forbrytelser bør være

obligatorisk . For hvilke forbrytelser ? Murder av barn , myrde folk

under 16 år , eh, brannstiftelse med hensikt å fare , ildspåsettelse av Hennes

Majestets eiendom , brannstiftelse , som brannstiftelse på et sted hvor kronens

ved trussel ... Hvis jeg var å [være i] Portsmouth og prøve å sette fyr på en

av Hennes Majestets fregatter jeg skal henges for det . Fordi det er brannstiftelse

av Hennes Majestets dokker .

Jeg antar at det du sa som overrasker meg mest er tingen

om " folk burde bli henrettet for ildspåsettelse av hennes majestets

eiendom " . Det gjør det høres ut som om , hvis noen er i fengsel og

de satte fyr på en av papirkurver , det er Hennes Majestets

fengsel ... Det er ikke brannstiftelse . Jeg mener som satt fyr på , som prøver å sette

brann til, si , Kensington Palace , satte fyr på Buckingham Palace ,

Clarence House , Glamis Castle . Hvorfor gjør det en forskjell hvis det er

en av disse palassene i stedet for bare en boligblokk ? Fordi det er

dronningens eiendom , dronningens eiendom . Hva er spesielt med

Queen ? Det er slik jeg ble oppdratt , respektere Crown , respektere

uniform , respektere kongefamilien . Hvis jeg sier at jeg er ikke så interessert i

respektere den kongelige familie , kan du gi meg en god grunn til at jeg

burde? Hvor ville du være uten dem ? .. Jeg vil si til deg , du fikk til

ser på det, uten at dronningen du ikke kommer til å ha en anstendig måte

lever ... jeg ser på det , jeg mener, slik jeg har blitt brakt opp , dronningen , hvordan kan jeg si det, er dronningen nummer én person , du vet hva jeg

mener, etter selv . Du vet hva jeg mener, har du fått deg , og

så bør du respektere monarkiet fordi monarkiet henseender

du ... [A] godt eksempel er prins Charles . Han er involvert i

bevaring , er han involvert i kunst ... Han er ikke som , selv om han er

kongelig , vil han ta deg tid til å sitte, snakke med deg , og sannsynligvis forstår

du bedre enn deg selv , sannsynligvis. Jeg vet ikke om jeg tror han

forstår meg bedre enn jeg gjør selv , men .. Men han har mer

opplevelse ... Jeg vet ikke , det er bare slik jeg er oppdratt .

(NICHOLSON 5 , 6).

Dette ærbødighet for autoriteter , noen ganger kombinert med ideer om

lojalitet til ditt eget land . Resultatet ble en " mitt land høyre eller

feil " tro på ubetinget lydighet til kravene fra patriotisme .

Noen mennesker sier at ett problem med hæren er at du må

adlyde ordre , noen ganger kan du drepe folk hvis det er en krig , og det kan

ikke være riktig å gjøre det alltid . O.A : Å forsvare landet ditt , ja , også

akkurat det er . I krig , er det riktig ? Ja , selvfølgelig er det . Du er ikke

bare forsvare hjemlandet ditt , du forsvare kvinner,

barn , folk i den. Du forsvarer deres rett til å være fri . den

tar to sider for å gjøre en krig , og den ene siden er forsvarer og den andre

side angriper . Kan du alltid stole på vår side for å være de som

forsvarer ? Hvis du er britisk , du står for Storbritannia , enten det er

rett eller galt . Du er en del av dette landet . Hvis Storbritannia sier: " Høyre ,

Jeg er i krig med denne gjengen " , trenger du ikke krangle. Du bare sier , "Fair

nok " og " La oss gå å gjøre det vi har fått til å gjøre " .

(ADDISON fem .)

RETTFERDIGHET AS PRIMITIVE LIKESTILLING .

En annen kilde til moralske oppfatninger som ikke er avhengig av sympati er den

følelse av rettferdighet . En versjon av dette er det bekymring er for lik

behandling. De fleste foreldre kjenner dyp lidenskap som ulikhet vekker

hos barn . I svært ung alder , kan det bli kalt " primitive

likestilling " virker dypt forankret . Alle som har tre barn og

tre stykker av kaken , og som distribuerer dem på noen annen måte enn

den åpenbare , kommer snart over lidenskap om det .

I en rekke intervjuer , sterk støtte for likebehandling

virket relatert til denne primitive likestilling . Det er påfallende at en

henvisning harked tilbake til barndommen , da ett barn ble gitt lomme

penger og en var ikke .

NB : urettferdighet kan være , um , mamma ga meg lommepenger , men ikke min

søster . Det er urettferdighet i tillegg. Så rettferdighet er å behandle folk

samme ? Ja, å bli behandlet likt med den andre personen ... Så jeg vil gi deg

£ 1,50 , og jeg vil gi den andre personen £ 1,50 , så det er like så det er rimelig .

Han er ikke få mer enn deg .

(BLACK 10 .)

RETTFERDIGHET AS HVA FOLK FORTJENER OG gjengjeldelse .

En versjon av rettferdighet handler om hva folk fortjener : at folk

bør bli belønnet eller straffet , skylden eller skryt , i henhold til hva

de har valgt å gjøre . Den dype urettferdigheten ufortjent straff

var et tema i flere intervjuer .

Hva er rettferdighet , og hva er urettferdighet ? N.B : urettferdighet er som når noen får skylden for noe de har faktisk ikke gjort . Jeg har vært

skylden for ting som jeg har faktisk ikke gjort , og det er urettferdighet ,

Det var også en sterk følelse av urettferdighet når andre ikke hadde gitt

dem den støtte og lojalitet de trodde de fortjente .

Tror du at du vil se noe av familien din , eller er de egentlig

ute av bildet ? Q.A : Vel , jeg har bare fått en søster igjen . Jeg var i

berøring med min kone i fjor fordi sønnen min døde . Jeg tror den siste

gang jeg hører fra min kone var 16 år siden , og det tok min sønn til å dø

for henne å være i kontakt med meg . Jeg dro hjem for å se henne for dagen

etter begravelsen . Et par måneder senere dro vi hjem . personalet

tok meg ut for å besøke min kone for dagen og meg og min kone gikk opp til

graven . Så gikk vi tilbake til leiligheten , og hun sa: "Jeg har alt

maling og tapet og alt som innendørs klar når du kommer

hjem " . Jeg sa: " Jeg kommer ikke hjem " . Etter 16 år har hun ikke vært

i kontakt med meg , og fordi min sønn døde , og hun er på hennes egen nå , hun

ville ha meg tilbake . Etter 16 år når jeg har blitt låst bort . Det er ikke

rettferdig .

(ASH 7 , 8).

Betydningen av hva folk fortjener var ikke bare noe som

dukket opp i sammenheng med ufortjent skylden eller oppgivelse i deres

egne liv . Det dannet en stor del av sin tenkning om mer offentlig

saker . For eksempel foreslo en som , mens de drap ved

Kray tvillingene ble ikke rettferdiggjøres , de ble minst dempet av den

trodde at deres ofre kan ha fått det de fortjente .

J.F : The Krays bare drepte sine egne. De har ikke drept uskyldige folk . Jeg skjønner. Hvem drepte de ? De drepte Jack " The Hat " McVitie

og George Cornell . George Cornell var med Richardsons . den

Richardsons brukt til å torturere folk og George Cornell var alltid

ropte munnen off om Ronnie Kray , kalte ham en feit poof og

som og denne virksomheten , sier hvordan han var ikke redd for Krays og

at de er ponces og skriker munnen av. Og han jobbet med

Richardsons og han var en gangster selv . Så Ronnie Kray skjøt ham i

hodet. Han var bare å drepe en annen gangster . Og Jack " The Hat "

McVitie - han skulle være med Krays men han var alltid

ropte munnen av at han skulle få Krays ... Han dyttet en

kvinne ut av bilen og hun hadde ryggen hennes brakk og hun ikke kunne gå

igjen og de Krays måtte lete etter henne . De ga penger slik at hun

kunne være greit økonomisk , og denne Jack " The Hat " McVitie var

forårsaker noe annet enn problemer . Han gjorde de Krays tom for penger og

han ropte munnen av. Så Reggie drept ham . Han stakk ham til

død . Betyr det gjør det greit å drepe ham ? Det gjør ikke det

høyre, nei, men han bare drepte feil personer . Han drepte ikke uskyldig

folk . Hva om folk som dreper uskyldige mennesker ? Hva gjør du

mener bør skje ? Det er ille . Jeg regner med at de skal henges .

(FALL 4-5 .)

Det var mye støtte for dødsstraff .

Hvorfor skal vi tro det greit å drepe noen fordi de har

begått disse forbrytelsene ? L.N : Fordi det er umenneskelig å gjøre visse

ting som det . Jeg ser på det som , dette er en av mine meninger ,

noen som kan skade et barn ... ikke fortjener å leve . Det er bare min mening , slik jeg har blitt oppdratt . Jeg mener hvis du skader et barn ,

- boom - du vet hva jeg mener, det er å straffe et barn og deretter

Det er bare å gå ut i veien for å skade et barn . Det er ute av

rekkefølge. Noen sier to urett gjør ikke en rett. At det er

forferdelig å drepe et barn , men det er også forferdelig å drepe personen

som drepte barnet ? Du trenger ikke være enig med det? Det er bare slik

Jeg har tatt meg selv opp , egentlig , vet du hva jeg mener. Selv om jeg er

en troende katolikk , jeg fortsatt tror pedofili er den verste forbrytelsen i

verden , og det er kun én setning for it- død ...

(NICHOLSON , 5 eller 6).

Noen ganger støtte grunner var påfallende grunt , men dette

kunne kombineres med en sterk følelse av urettferdighet av uskyldig

folk blir henrettet .

NB : Jeg tror alvorlige lovbrytere bør bli henrettet . Hvorfor tror du

som ? Um , jeg bare ser på England . Det er ingen mellomrom , det er fanger

overalt , det er kriminelle henger rundt , og at , og jeg regner

at hvis det var henrettelse da, mer kjøring enn normalt , tror jeg

det ville være en mer roligere verden å leve i. Noen sier at en av

problemene med utførende folk er at folk som er uskyldig

noen ganger feilaktig blir dømt . Ja, jeg tror det, OK yeah, tror jeg

Da loven skal sørge for at du har 100 % bevis før henrettelsen .

Ja , men du kan ikke alltid få 100 % bevis . Nei, det kan du ikke .

Noen vil si : "Vel , hvis det ville enormt redusere drapet

rate, never mind hvis noen mennesker blir henrettet fordi færre mennesker dør

overall " . Vil du si det er rett eller tror du det er galt ? jeg tror det er galt . Hvorfor ? Fordi de er bare å drepe uskyldige mennesker .

Slik at de ender opp som mordere selv. Så det er urettferdig ? Yeah .

(BLACK 10 .)

Noen ganger ideer om hva som gjorde noen fortjener henrettelse ble bundet opp

med et nettverk av andre karakteristiske moralske synspunkter .

OA : Hvis en mann dreper en mann , da, så vidt jeg er bekymret , det er

akseptabelt , fordi en mann kan forsvare seg . Hvis noen angriper en

mann fra fronten , eller to menn har en kamp og en av dem dør ,

noen slår ham og han faller ned og dør, det er akseptabelt fordi

de har hatt en kamp og tilfeldigvis noen har dødd . Hvis du går ut

med den hensikt å drepe noen , så bør du miste livet .

Hvis du dreper et barn bør du miste livet .

(ADDISON 8 .)

Noen ganger , men sjelden, ble støtte for dødsstraff knyttet til

anger om personens egen fortid og til sympati for sine ofre .

Noen mennesker synes det er galt å ha dødsstraff . Hva gjør du

tror ? QA : I noen tilfeller er ja, og i noen tilfeller -no. hvilke saker

ville være " ja" ? Det har vært uskyldige mennesker el - ledet og

skyldige er blitt funnet senere . I voldtekt bør det være bjørke tilgi

dem bjørk , eller katt - av - ni -haler - i tilfelle av voldtekt . på

tilfelle av seksuelle overgrep mot barn , det samme , og de bør være

kastrert . Når det gjelder faktisk mord , ville jeg enig med henger.

Jeg har drept to ganger - to mennesker , og jeg vil aldri glemme det . Jeg gjorde ikke bare

skade dem . Jeg såret sin familie mentalt , ikke fysisk, men mentalt ,

og deres kjære .

(ASH fem .)

En sterk satsing på gjengjeldelse og ørkenen kunne lede folk i
forskjellige retninger . Bekymringen om henrettelsen av uskyldig
folk ledet en intervjuobjektet til å avvise dødsstraff , selv om han
tenkte også at , hvor noen fortjente straffe , en privat
voldelig reaksjon kunne forsvares .

LF : Si at du fikk noen som er ... banket opp og burgling , slo opp
gamle kvinner og tar alle pengene sine . Politiet har ikke fått nok
bevis for domfellelse , og de sitter der kjører disse fin
motorer og kaste alle disse pengene rundt og sånn , og
da hadde jeg ingen compun ... ingen skyld om , eh, å ta penger av ham eller
stjele fra ham , eller hva , å lyve for ham eller , vet du hva jeg mener,
eller angripe ham ...

Tror du det bør være dødsstraff ? Nei, hvorfor ikke ? vel ,
det kommer an . Hvis du innrømmer det, og det er definitivt riktig at de gjorde
det , så kanskje, men du har alltid disse tilfeller der uskyldige mennesker ...

Ja , så du ville ikke kjøre folk fordi de kan være uskyldig ?

Nei , jeg gjør ikke det , nei, sannsynligvis ikke , nei .

(Farleigh 4 , 10).

Mønstre.

Tre temaer peker seg ut: moralsk overfladiskhet , dominans av
egeninteresse i løpet fantasifull omsorg for andre , og en moral
streker rettferdighet og rettigheter , men igjen med sine røtter ikke i
empati for andre . (Dette er de dominerende inntrykk , men jeg har
sitert kommentarer av spesielt folk som går mot hver av disse

generaliseringer .)

Den overfladiskhet er åpenbart i triviell noen av de foreslåtte

moralske undervisning om å la kvinner gjennom døren først , eller banne

å være like ille som mobbing . Hvor noen grunner ble gitt , viste de

lite tegn på omtanke eller av noen følelse av hva som virkelig betydde noe

til andre mennesker . Dominans av egeninteresse er tydelig i

Velkommen gitt til ringen av Gyges , forutsatt at det fungerer . disse to

faktorene tatt sammen kan foreslå en gruppe amoralists som ikke har noen

reell oppfatning av hva moral handler om .

Men dette bildet av den flate amoral landskapet er høyst en halv sannhet .

Hva går mot det er svært synlig frembrudd av moralske begreper

gruppert rundt ideer om rettferdighet og hva folk fortjener . Det er et

moralske landskapet , men en smal og hard en . I noen bare av mennene

intervjuet , oppfatninger om rettigheter og likestilling vokste ut av en bekymring

for andre mennesker å være i stand til å leve sitt eget liv , eller ut av

forestille seg hvordan funksjonshemmede føler når deres rettigheter blir trampet på .

For de fleste av dem , fantasifull omsorg for andre var ikke sentralt . den

vekt på primitive likhet og på hva folk fortjener syntes å

kommer ganske umiddelbart fra gut reaksjoner, ufiltrerte etter mye tanke

om dem . Ideene til hva folk fortjener ble ofte knyttet til

sine egne følelser av å bli urettferdig behandlet når nektet lojalitet

de trodde de fortjente eller skylden for ting de ikke hadde gjort . i

de fleste av gruppen , denne konstellasjonen av ideer virket i stor grad

uavhengig av empati eller sympati .

Igjen , er det overfladiskhet slående . Dette kommer ut i betydningen festet til dronningens eiendom og i tro på aksept av

" Angripe en mann fra forsiden" . Den kommer ut i å se noen

forårsaker problemer og " ropte hans munn off" som å være en alvorlig

innstrammingen av wrongness for drap . Den kommer ut i å gi som en

Bakgrunnen for å støtte dødsstraff at " jeg bare se på England .

Det er ingen mellomrom , det er fanger overalt , det er kriminelle

hengende rundt ... " . Alt dette har den samme triviality som å la kvinner

gjennom døren først og tro på den seriøse wrongness av

banne . Noen av overfladiskhet kan komme fra å bli tatt opp med

en kommando moral , som ikke handler om å forestille seg hvordan folk føler . nor

ikke utvikler det tenkt refleksjon . I stedet , det oppfordrer en

tilnærming , for eksempel til moral av krig , av umiddelbar og

ukritisk lydighet : " Hvis Britain sier :" Jeg er i krig med denne gjengen " ,

du trenger ikke krangle. Du bare sier , "Fair nok . " ".

KAPITTEL TRE : OPPVEKST OG ETTER .

Ved å intervjue folk , det gjorde jeg ikke innføre enten sine forbrytelser eller

barndommen . Men de ofte hevet ett eller begge av disse emnene .

Det ble klart at mange av dem så en sterk sammenheng mellom

to. Det begynte å virke viktig å se nærmere på deres

forstand at deres voldelige handlinger var knyttet til en katastrofal

barndom .

En . OPPVEKST avvisning.

LF : Vel , jeg visste det var galt , um , men det var mye , jeg er ikke

slags formildende men , ble jeg gifte neste dag og ... det er en

lang historie egentlig . Når ting går bra , jeg liksom alltid , møkk ' em up , rotet ' em up . Ønsker du å fortelle meg hvordan det skjedde , eller

ikke ? Vel , jeg måtte gå og få dressen min , og det var forskjellige ting

vi måtte betale for . Kjæresten var på gang om dette som og

andre og hva vi , hva som trengs for å bli betalt for , penger, regninger , og ikke

bare regninger, men som for dette bryllupet og som . Og jeg gikk ut og jeg

gjort et innbrudd , og da jeg var der jeg så alle disse bildene , alle

disse lykkelige familier du kjenner , og um , knuste stedet opp og satt

brann til det . Var det bilder av lykkelige familier som utløste

som ? Eh, ja , jeg tror det ja. Var det fordi du følte du ikke hadde

hadde en lykkelig familie ? Vel, jeg vet jeg har ikke hatt en lykkelig familie . Men det er

bare hele mitt liv alt har alltid gått galt , det bare føles , godt

dette er bare hvordan det er . Men når ting går rett, jeg bare vet

at ting bare kommer til å gå .. "

(Farleigh 6 .)

Prosjektet fortsatte å være om moral og verdier av

som ble intervjuet , men det tok på en ekstra dimensjon . Hvordan hadde sin

barndommen formet hva de brydde seg om , og hvordan i sin tur gjorde dette

formgivnings bidra til deres antisosial vold ?

Mange av dem er beskrevet barndommen der de ble vist litt kjærlighet .

Hvorfor sa du ikke ønsker å være hjemme ? O.A : Fordi jeg ikke var elsket . det

var ni av oss i familien , og det var bare mamma . mamma

kunne ikke gi kjærlighet til oss alle, og jeg ble utelatt . Ikke med vilje , men

Jeg følte jeg var og jeg følte meg uønsket , men jeg har alltid ønsket å være med mamma

fordi det er der et barn bør være . Så jeg var alltid ønsker å være

med henne, men da jeg var med henne jeg ikke var elsket . Så jeg ikke ønsker å være sammen med henne når jeg var , og da jeg var ikke jeg gjorde .

(ADDISON tre .)

Noen ganger deres familier var voldelig . Noen ganger ble de brakt opp

av foreldre som straffet dem alvorlig . Ofte de var fysisk eller

følelsesmessig misbrukt . Den felles tema var følelsesmessig avvisning .

IQ : Jeg ble brakt opp til jeg var syv i en svært voldelig familie . Ja ,

hvor våpnene ble brukt og sånn ... [Min mor] var

likegyldig egentlig , du vet , var det en svært volatile forhold ... Jeg

husker mang en gang ble politiet kalt til å stoppe henne jeg antar at det

du vil kalle nå innenlandske tvister og slikt som det, men det var

noen ganske ekstrem vold fra tid til annen , vet du . Det var en

kniv brukt ved en anledning , en kniv , en skuff , den gamle stål

skuffer . Hun collared min gammel mann med et brett , og han kastet kopper om og

sånn , og så hva jeg vil gjøre når den situasjonen som skjedde , jeg

pleide å ha to eller tre rømningsveier og bruke ett av dem mye .

(Questor , 4 , 5 .)

II : Så en av de få anledninger med mamma , og det å være hjemme med

mine eldre brødre , jeg var som regel straffet for å gjøre noe galt . jeg

ble egentlig aldri gitt noen oppmuntring eller en klem for å gjøre noe

right ... Vi fikk ikke lov til å leke i hagen, men hvis han noen gang kom

hjem fra jobb , og vi var (og , selvsagt, er dette bare meg å tenke

at det er meg å få det i halsen hele tiden), men jeg pleide å være

blinket ut , som om jeg var noen måte ansvarlig for fotballkampen i

tunet , og det ville være meg som ville bli straffet - å måtte gå til

sengs tidlig , straffbare mål på gjengjeldelse . Det pleide å innpode frykt

frykt i meg .

(IBBOTT 2, 3. .)

LJ : Jeg ble misbrukt , seksuelt og fysisk mishandlet , hele tiden. og jeg

var på sykehuset i elleve år med polio og de bare kom for å se

meg en gang .

(JACKSON tre .)

RUTER FRA REJECTION til vold.

Som de beskrev sin vold fra innsiden , hva de sa

foreslått to ulike måter sine katastrofale barndommen

kan være knyttet til det. En rute ville spore tilbake til sin barndom

etableringen av behov , ønsker og følelsesmessige tilstander så sterke som til

velde enten egeninteresse eller moralske begrensninger . Den annen

ville se sin barndom avvisning som stunting veksten av

moralske Støtter seg .

Ser først på den overveldende av egeninteresse og av den moralske

begrensninger , to foreslåtte årsaks kontoer dukket opp . Det ene er at de

svarte til barndommen avvisning med sinne , noe som kom til uttrykk i

vold . Den andre er at deres barndom erfaring forlatt dem med

udekkede følelsesmessige behov, som de forsøkte å tilfredsstille gjennom sin peer

gruppe ved å vinne anerkjennelse for sin tøffhet og vold . Hvis til

noen grad de hadde vært i stand til å utvikle de menneskelige reaksjoner av

sympati og respekt , disse var ikke nok til å beskytte sine ofre .

Slike moralske ressurser som de hadde var overveldet av styrken

sitt sinne og sin hunger etter anerkjennelse .

Sine kontoer også antydet at noen reaksjoner på barndommen

avvisning hemmet utviklingen av moralske begrensninger

selv. En reaksjon var å vokse en defensiv skall , hvorav en del

var et bevisst unngåelse av sympati for andre. Et annet resultat av

måten de ble behandlet , var at noen ble gjort å føle seg skyldig .

Dette , sammen med den generelle mangelen på anerkjennelse , ikke hjelpe dem

utvikle en god følelse av egen identitet og verdi .

. 2 overveldende de moralske TVANGER sinne og følelsesmessige behov .

ANGER .

Den enkleste årsaks rute fra barndommen avvisning til vold går

gjennom sinne . En sint etterspørsel etter oppmerksomhet kan uttrykkes i

barndommen selv .

IQ : Og så var jeg ikke vist noen følelser , og det faktisk kom til meg

fordi den første dagen jeg ble kjørt til skolen av min mor , og deretter

etter at hun faktisk forlot meg til å komme hjem , og at. Og jeg kunne ikke

forstå hvorfor alle de andre foreldrene skulle komme og plukke sine

barna opp ... Hvorfor får jeg ikke plukket opp ? .. Det er det jeg må ha følt ,

fordi jeg vant til, ved en anledning jeg knuste alle melkeflaskertil

trekke oppmerksomhet fra alle dem andre mennesker .

(Questor 17 .)

Et tilsvarende behov noen ganger lå bak sinne senere i livet , og ofte er det

ble generalisert utover de som opprinnelig forårsaket det .

Hadde du en slags sinne du var å få ut ? N.B : Um , ja . Hvorfor

var du sint ? Um , fordi jeg følte meg ignorert , følte jeg meg ensom .

(BLACK 12 .)

OA : Jeg har ikke brukt til å føle seg skyldig fordi jeg hadde for mye hat inni meg til å føle skyld , mot hvem som helst . Mot alle? Mot alle.

Selv folk som ikke har gjort noe ? Selv mot folk som ikke har

gjort noe for meg , ja . Hvorfor tror du det var ? Fordi de hadde

hva jeg ville, og jeg hadde ikke det , så jeg følte meg sint fordi

de hadde det .

(Addison 4 .)

Noen ganger foreslått sine kontoer som , i deres sinn , ofre for

deres voksne vold ble stående i for de som hadde misbrukt dem .

LJ : Mine effekter på andre mennesker må ha vært forferdelig . fra min

kriminalitet . Jeg er i for voldtekt . Ja. … Jeg har gjort mye tungt arbeid i

grupper. Og den eneste konklusjonen jeg kan komme til på den tiden var at

fyren var min bror og kvinnen var mamma . Fordi den dagen jeg

kjørte opp mot mine foreldres sted fordi jeg hadde tenkt å drepe

dem. Og det er der hodet mitt var . Jeg hadde bare tenkt å tørke dem ut

alle sammen . Jeg trodde sinne kan gå bort da …

Visste du bryr deg i disse dager om å skade mennesker eller ikke egentlig ? Oh ,

yeah, brydde jeg , ja . Det pleide å såre meg veldig mye meg selv , da jeg hadde en

fine forhold går og det splittet opp . Jeg vil forbanne meg selv hele mer

fordi det var ned til meg . Det var aldri ned til min partner . Det var

alltid ned til meg … Så du bryr seg om andre mennesker og hvordan de

følt ? Selvfølgelig gjorde jeg , ja . Men sinne noen ganger bare vant

som ? Det gjorde , det gjorde det, det tok over . Det tok over , vet du . Det var

henne , hun ville ikke la meg være alene . Moren din ? Min mor , hun

bare ville ikke la meg være alene , på en eller annen måte . Og jeg kunne ikke, som

Jeg sa jeg ikke kunne snakke med folk om det . Jeg bar den hele tiden .

Dette var seksuelle overgrep ? Ja, seksuelle overgrep . Selv når jeg ikke var hjemme ,

når jeg dro hjemmefra og dro ned til London for å leve , hun var der

noen ganger . Jeg kan være i et forhold og gå gjennom kanskje en

vanskelig patch , noe som ville være ni tid ut av 10 ned til min feil . og

det ville være henne , vet du . Hun vil være i tankene dine ? Hun vil være i hodet mitt .

Å si at jeg var råtten , bør jeg drepe meg selv , og jeg fortjener ikke å

leve og resten av det og den slags ting ... Når du - du

trenger ikke å svare på eventuelle spørsmål hvis du ikke vil , men - når du

voldtatt en person var at sinne , eller var det .. Det var sinne . Det var sinne .

Sinne mot din mor eller sinne mot ... ? Ja, sinne mot , det

var min mor og min bror , i hodet mitt den kvelden .

(JACKSON 10 , 11).

Emosjonelle behov og nød.

I etikk og politisk filosofi , er det en tråd av tanken

som sier at menneskelige behov bør gis prioritet over tilfredsstillende

andre ønsker . Påstanden er at det å gjøre velstående mennesker bedre

bør ta andre plassen å eliminere fattigdom av mennesker som mangler

husly , nok å spise , rent drikkevann eller grunnleggende helsetjenester . den

synet har åpenbart appell , men har vært reist spørsmål om hvordan du

trekke linjen mellom behov og andre ting som folk vil ha . den

punktet er noen ganger gjort at noe er nødvendig for noe annet: en

Huset er nødvendig for blant annet beskyttelse mot

elementer og kanskje mot rovdyr . En redegjørelse for de behov som

bør ha prioritet er at de er for ting , som mat og litt helse

omsorg , nødvendig bare for å holde seg i live . Andre ønsker en mer sjenerøs hensyn til menneskelige behov , inkludert på listeelementer som , mens ikke

viktig å holde seg i live , er nødvendig for en god eller blomstrende liv .

Dette også har appell , men en kostnad kan være uskarphet av linjen

mellom hva folk trenger og hva de bare vil .

Kanskje noen blurring av grensen er en uunngåelig konsekvens av

jo mer inkluderende syn på behov . Men en barndom med vold og

avvisning , som sett av de som opplevde det , er viktig her . som

vi har sett , den lille gruppen intervjuet inkludert så mange som har fortid

var som dette . Det var ett barn i familien utelatt fordi

det ikke var nok kjærlighet til å gå rundt , den eneste gutten aldri samlet

fra skolen og som knuste melkeflasker, den ene aldri gitt en

klem men ofte urettferdig straffet , den ene stadig misbrukt fysisk

og seksuelt og besøkte en gang i elleve år i sykehus , den som

hadde rømningsveier fra familievold med stål skuffen og

carving kniv , og den ene hvis mor var i hodet hans og sa han var

råtten og skal ta livet av seg . Det er vanskelig å unngå tanken på at

det menneskelige følelsesmessige behov, samt de fysiske. for noen

intervjuobjekter , disse behovene var udekket , og dette bidro til

vold . De stavet ut noen av behovene .

Behovet for å være en noen.

Ofte avvisning og ydmykelse generert et behov for anerkjennelse

og respekt , et behov som lett uttrykk i vold .

Noen ganger sinne ville kombinere med dette .

QA : Med sinne , med hvordan cocky jeg pleide å være , med øl -it

kokt opp og kokte opp , og jeg var akkurat som et dyr . folk var skremt av meg , og jeg elsket det. Jeg elsket det . Hvorfor gjorde du elsker det?

Jeg vet ikke. Det var dumt . Var det en slags anerkjennelse , respekt ?

Folk pleide å gå " Hei , Quinn " . Jeg pleide å bli lagt merke til . "Hei , Quinn . " " All

høyre, Quinn ? " " Ta en drink , Quinn . "

(ASH ni .)

Selv om spørsmålet mitt løp sammen anerkjennelse og respekt , er de

verdt å skille . (REFERANSE TIL SIMONE Bateman .) Kanskje , av

to, er en anerkjennelse av mer grunnleggende behov . Respekt har å gjøre med å ha

statusen din eller verdt erkjent . Men QA her uttrykk for et behov for

noe mer grunnleggende enn som anerkjennelse: blir bedt om å ha en

drikke , rett og slett blir lagt merke til i det hele tatt heller enn å bli sett gjennom som

hvis ikke-eksisterende . En av de andre informantene starter starter

om status og ære , men , når jeg spør om respekt , korrigerer han meg

og understreker anerkjennelse , behovet for å være en noen snarere enn en

ingen :

IQ : Jeg mener, jeg , det var en stor Bravado ting , fordi jeg hadde gjort mye

væpnede ran og jeg aldri fikk fanget . Så var det nok av penger

om og raske biler og at , og jeg levde , kan du si ,

ekstremt i høyt tempo , veldig fort . Og jeg følte folk var ute

opp til meg ... [Talking av da han var yngre] Og jeg hadde mye

voldelige ting gjort for meg , som innvielse i Teddy Boys mente du

måtte ha bena kuttet og ting som skjedde med kniver og sånt

sånn ... Men for meg som var overmot , som var som et hederstegn ...

Du sier du ville ha respekt . Er det riktig? Ikke så mye respekt ,

men jeg ønsket anerkjennelse . Yeah . Jeg antar at jeg følte meg , tenker på det , jeg følte jeg var en nobody , men å være med disse menneskene , var jeg en noen.

(Questor 14 , 17).

Andre måtte være på midten av ting i stedet for på

marginer , og for å være godt kjent eller å ha en kraftig rykte .

II : Jeg innbrudd kjemikere fra en tidlig alder (i underkant av 16) for mange

år ganske vellykket . Jeg hadde ingen betenkeligheter om hvem som kjøpte den , der jeg

tok det ... Så , alle disse år siden - jeg følte meg bra for å være i stand til å gå

inn i noens hus og det hele ville dreie seg om me- to

shilling for dette - og det ga meg en følelse av identitet . Jeg var ganske

velkjent på området. Visste du at du trengte en følelse av identitet ?

Føler du at du likte det? Vel , jeg synes å huske ett tidligere

til det.

(IBBOTT tre .)

OA : Jeg pleide å gå til nattklubberpå jakt etter kamper , på jakt etter

folk til å kjempe for å forbedre ryktet mitt. Jeg pleide å gå på jakt etter

folk som hadde rykte , å ta sitt rykte bort fra dem og

legge den til meg ... Jeg har ikke brukt til å få mye søvn fordi jeg var på

fart , men jeg bygget opp et rykte for meg selv . Hvis det var en kamp ,

komme og hente meg ... Var det rykte morsommere? Ja, var det nødvendig

for meg på den tiden å ha det ryktet . Hvorfor var det nødvendig ?

Fordi livsstil jeg var ledende . Jeg hadde ikke råd til å få

trampet over. Jeg hadde ikke råd til folk tenker at de kunne ta P

ut av meg , så jeg hadde dette ryktet , og ingen mennesker gjorde. Folk prøvde, men

Jeg pleide å ødelegge dem , slik at folk ikke prøve til slutt , fordi

de ville vite hva som ville skje . Så jeg hadde et rykte .

(ADDISON 9-10 .)

Noen ganger er det behov for når det gjelder flyte sammen til behovet for å gjøre noe

som er verdt fra synspunkt av personen selv og

viktigheten av å bidra med noe til andre:

Hva ønsker du om livet til en lege ? N.B : Um , kan du hjelpe

mennesker , blir respektert . Du har fått en tittel . Hei , Dr. så og så . du

føler seg viktig og folk ser deg som , som er lege , jeg trenger noen

hjelpe , la oss gå og se Dr. XXXX . Føler du at respekt er noe

du er litt kort av ? Um , jeg , ja . Jeg føler meg som om jeg ikke er

viktig nok til noen eller noe , og jeg bare , jeg tror det er

på grunn av måten foreldrene mine behandlet meg som et barn . Når et barn

vokser opp med å tenke at de er [ikke tillatt ? SJEKK] for å gjelde for

nok , han , de går rundt oppmerksomhet søker , som er hva jeg gjorde, jeg

oppmerksomhets oppsøkte ... Jeg har lyst til å bli lege , ikke bare på grunn av at

men fordi , eh , jeg har alltid likt tanken på å være en sykepleier , kirurg ,

Legen , som arbeider i havari avdelinger . Det er å hjelpe mennesker . Det er en

god sterk jobb å være i. Det er god lønn , du møte forskjellige mennesker ,

du hjelper folk , og du føler deg som om du har oppnådd

noe på slutten av dagen når du går hjem . Du vet du har gjort

en hard dags arbeid , og du har oppnådd noe . Du har hjulpet

noen ut .

(BLACK 6 .)

Behovet for å være nødvendig og ønsket .

Samt behov for å bli lagt merke til og å bli sett opp til , folk trenger

obligasjoner med andre . Noen ganger er dette bare et spørsmål om å ha en gruppe som gir en følelse av aksept og tilhørighet .

Jeg var interessert i hva du sa , hvis du ikke har vært i fengsel ,

du har aldri levd ... OA : Blacks går rundt i grupper . De fleste hvite menn

ikke. De fleste hvite menn gå med en eller to kamerater og deretter ikke feste

sammen, men Blacks gjøre . Når du er i fengsel , er det annerledes . du

holde sammen . Du finner folk fra ditt område , du går til treningsstudio med

dem , vil du spise med dem , vil du kommunisere med dem . du er

rundt seg hele tiden. Det er en obligasjon der fordi du kommer fra

det samme området ... så du blir gode venner . Mer enn. du blir

- Jeg vet ikke hva er ordet - men du blir sjelefrender... Jeg gikk aldri

inn i hæren . Jeg har alltid ønsket å . Men jeg antar at det er sånn ... Hvorfor

gjorde du ønsker å være i hæren ? Jeg har alltid vært ... Jeg har alltid ønsket å

gå i hæren fordi jeg følte det var noe som jeg ønsket å gjøre . den

var et yrke . Det var mer enn. Det var som å bli med i en gjeng , jeg

anta.

(ADDISON fem .)

Men aksept og tilhørighet er bare en del av historien . Det er en

trenger for noe varmere : å være nødvendig og ønsket .

OA : Etter den tid får jeg ut min eldste - eller min eldste - vil være 18 , så

de kan ta egne avgjørelser om hva de ønsker å gjøre . når min

barna blir 18 , om de ønsker å kjenne meg eller ikke , det er opp til dem .

Det er deres avgjørelse . Jeg vil ikke presse det på dem . Jeg ville elske å se dem

men de er voksne . Har de holdt i kontakt med deg ? Nei , bare det

eldste . Men det er da opp til dem . Det er deres liv . Hvis de ønsker å

kjenner meg , er det helt greit . De er nødt til å leve sine liv i deres vei , og

Jeg ønsker ikke å være - hvis de sier : " Oh wow ! Vi er nødt til å gå og se

Pappa " . Jeg vil ikke ha det . Jeg vil at de skal si , "Jeg ønsker å gå og se min

pappa " . Men du ville like det veldig mye hvis de gjorde ? Ja , det ville jeg . Ja ,

Jeg ville.

(ADDISON 10 .)

Når du ser tilbake på den personen du var før , hva tror du

du hadde mangler? I.Q : Jeg tror den største tingen er å være nødvendig . trenger

for meg selv , ikke for hva jeg var . Jeg mener jeg gikk på puben , hvis jeg hadde en

mye penger , folk trengte meg . Eller jeg trodde de gjorde , men det var ikke

tilfelle.

(Questor 14 .)

Tre . Stunting veksten av sympati.

Barndom avvisning skapt behov som overveldet den moralske

begrensninger . Men intervjuene også antydet at det hadde forkrøplet den

veksten av de moralske begrensninger selv. Veksten av sympati er

knyttes til å være åpne for andre: reagerer på dem og hvordan

de føler . Dette kan hindres hvis respons på avvisning er en

defensiv skall mot å bli såret av andre . Og selv hvor

kapasitet for sympati har utviklet , harme om avvisning og

andre gjør vondt kan føre til sympati for andre å være bevisst

slått av .

Frykten for avvisning OG muren .

En rekke av de intervjuede oppga å ha oppholdt bak defensiv

barrierer på grunn av en frykt for å bli avvist eller latterliggjort .

Jeg er veldig takknemlig til deg for å fortelle meg så mye om deg selv , om hvordan du tenker om ting . Q.A : Vel , jeg kunne ikke år siden , og

Jeg ville ikke år siden . Jeg var i et skall , og jeg ville ikke komme ut av det

shell ... Hvorfor tror du at du bodde i et skall ? Vel jeg tenkte at hvis

Jeg kommer ut og blomstret , alle ville ha trodd jeg var

morsomt eller noe .

(ASH 9-10 .)

Det er en pre - emptive strategi som nekter følelsesmessig nærhet ,

avvise andre folk først før de kan skade deg igjen med mer

avvisning .

I.Q : Latterliggjøring kommer inn i det også . Jeg fikk mye latterliggjøring når jeg

ble en gutt ... Hvordan det er mulig , jeg bare vet ikke , men jeg snudde fra en

ekstremt stille rolig person , redd person , til en ekstremt

voldelig person . Du vet . Ble som knyttes til latterliggjøring, ble det rømmer

fra latterliggjøring ? Yeah , yeah, 'cos , da jeg , etter at jeg ble angrepet , jeg

trodde det er det ... Så egentlig var det en form for forsvar? Å, ja .

Etter å ha blitt latterliggjort , etter å ha blitt ikke elsket veldig mye ? Det er riktig ,

du bygger opp denne muren du ikke la ingen eller ingenting

inn i den.

(Spør 15, 16. .)

En annen versjon av den samme strategi er å gjøre ting rettet mot

fremmedgjøre folk slik at nærhet ikke er tilbudt .

II : Jeg har egentlig ikke lov til meg selv på grunn av en lav selvfølelse til

setter jeg elske noe eller la noe komme for nær meg i

tilfelle det gjør vondt ... Det er alltid en risiko for avvisning , å bli såret . var

at noe som påvirket deg ? Visste du unngå relasjoner eller

ikke ? Jeg tilbrakte 25-26 år i relasjoner som er veldig grunt . jeg har

flyttet rundt om i landet , kjent folk for et par måneder . En eller to av

the- hvis de har utviklet seg til mer av en følelsesmessig tilknytning , har jeg som regel

sa noe eller gjort noe absurd og viste dem bort fra meg

som et forspill til-brønn , ikke komme for nær fordi jeg ikke ønsker å være

vondt av deg og jeg har forventet at ved å være dum .

(IBBOTT 4 , 5).

Noen ganger et unntak vil bli gjort til den generelle strategi

forkjøpsrett avvisning . Et tilbud om åpenhet , en sjelden sprekk i

muren startet i barndommen , kan føre til en positiv respons

går mot pessimistiske forventninger .

Var det lang tid før du fant folk du gjorde noen emosjonelle

obligasjoner med ? I.Q : Um , oh , yeah, yeah, jeg mener jeg hadde en mye

relasjoner . På ett tidspunkt hadde jeg tre forhold som går på en gang .

Men jeg tror det var for å bevise meg selv , bevise at du vet at jeg var

ønsket eller trengte til en viss grad .... Jeg har kjent en ung dame , en dame , for

fire år her , og hun har flyttet på nå ... men vi slo relasjoner opp og

Jeg ble ganske overrasket over at du vet , hvordan åpner jeg var med henne . Jeg mener, jeg har

aldri diskutert mine lovbrudd med noen, spesielt pasienter og som ,

og som jeg følte forholdet var å få tak , satte jeg meg ned og

sa se , dette er hva jeg har gjort , du vet , jeg gir ikke noe

unnskyldninger , dette er hvordan det er . Og jeg ventet på en avvisning , og jeg

fikk ikke det . Faktisk er det limt enda bedre , og til det punkt at

faktisk vi ble forlovet i jula . Du vet , det er hvor sterk den

var . Og jeg var helt , tror jeg , gjennom hele mitt liv du vet at jeg har hatt en mye avvisning hjemme , og ting , og jeg hadde ventet avvisning ,

så det jeg pleide å gjøre , snarere enn folk forkaster meg, ville jeg komme i første .

(Questor ni .)

EMPATI , sympati , setter på blinkers .

Bildet av den klassiske Cleckley psykopat , som har noen defekt

som gjør ham ute av stand til å oppleve livet som et vanlig menneske gjør,

kan foreslå en medfødt manglende evne til å vise empati med ofrene for hans

vold . Dette bildet passer ikke kontoen informantene ga

av seg selv . De ser seg selv som å ha kapasitet til å forestille seg

følelser av sine ofre . Sinne eller en generell motvilje mot

andre førte dem i en av to retninger. Enten de var klar

for å såre andre mennesker, men rett og slett ikke bryr seg . Eller , de unngikk

sin egen mulige nød på lidelsene de er forårsaket av

bevisst blanking ut bevissthet .

Responsen av å vite , men ikke omsorg ble åpenlyst beskrevet .

Du sier du har endret filosofi siden kommer inn her . I.Q :

Ja, ja . Hva var det før ? Jeg var en ex - biker og jeg skal være ærlig

med deg, gjorde jeg ikke gi en dritt om noe eller noen . Det jeg ønsket

Jeg fikk , gresstorv konsekvensene .

(Questor 4 .)

Har du en forklaring på hvorfor du kom inn i stillingen som

begå uansett forbrytelse det var ? F.L : Jeg antar at det var noe å

gjøre med da jeg var yngre , vet du . Hva slags ting da du var

yngre? Da jeg var barn , fikk jeg treffe om og sånt . hvordan

gjorde at få deg til å gjøre hva det var du gjorde ? Gjorde det gjør du sint , eller hva ? Ja, det gjorde meg sint mye og jeg hatet folk mye .

Når du hatet mennesker , har du sannsynligvis gjorde ting mot dem noen ganger .

Visste du vet hvordan de følte om det , eller ikke ? Jeg antar at på den tiden jeg

gjorde egentlig ikke bryr seg . Du visste, men brydde seg ikke . Er det riktig? Yeah .

(LORAM 6 .)

QA : Jeg har alltid ærlig og virkelig trodd uansett hva jeg sa var

høyre - som det ikke var . Det var det ikke. Jeg var akkurat stor -ledet , har ikke

lytte , brydde seg ikke . SOD ham . Når du sa " Sod deg" , gjorde du ikke

bryr seg om - om du skader noen mennesker , gjorde du ikke bry deg? Nei, det gjorde jeg ikke

bryr seg . Hvorfor tror du det var ? Jeg vet ikke. Fordi du gjør omsorg

nå , gjør du ikke? Jeg tror det er bare å være cocky . Jeg var ikke plaget . men

du visste at de var å bli såret , men du bryr seg ikke . Var det riktig?

Det er riktig , ja . Jeg brydde meg ikke om folk . Jeg pleide å være bare født

free- det er hvordan jeg pleide å føle . Ingen kunne skade meg . ingen kunne

røre meg . Men jeg fant ut at jeg tok feil .

(ASH 6 .)

Noen ganger , gjennom harme , vel vitende om det vonde skygge inn

sikter til det .

Når du gjorde hva det var du gjorde , visste du at det var feil

på den tiden , eller gjorde du ikke bryr seg om det ? O.A : Ikke bryr seg , gjorde ikke

bryr seg . Trodde du at du hadde vondt noen andre ? Ikke bryr seg . Nei , ikke

i det hele tatt . Men du visste at du hadde vondt dem og bryr seg ikke ? jeg

visste jeg var , jeg visste at jeg var , ja . Og du ikke bryr seg for hvilken grunn?

De hadde såret meg , så jeg prøvde å skade dem . Høyre , forstår jeg

at . Bortsett fra min ulykke var ekstrem . Jeg gikk til det ekstreme .

(Addison 4 .)

Den andre responsen var å " sette på blinkers " . Noen av de intervjuede hadde utviklet denne teknikken for å blanke ut forferdelige barndomsminner og også brukt det når de såre andre mennesker .

LF : Det finnes masser av min barndom jeg har blanket ut , jeg mener år og år . Um , og hvis jeg ønsker ikke å møte opp til noe , over en periode av tiden , det bare ikke skje . Jeg tror vi alle gjøre det til en viss grad . Jeg tror jeg har stolt på det for mye , eller fikk altfor god til det , eller ... og jeg antar det er liksom , jeg kommer til et stadium hvor jeg bare sette på blinkers , du vet , jeg bare sette på blinkers ... jeg bare vasse i. Når du legger på blinkers , er det ikke å tenke på resultater , eller ... Ja . Når du er gjøre det , husker du det har vært en katastrofe tidligere , eller ikke ? Nei , jeg tror ikke på det . Det er alltid etterpå når jeg sitter tilbake objektivt og jeg ser tilbake .

(Farleigh , 7-8 .)

En måte å ikke bli plaget av bevissthet om det vonde de forårsaket var å se bort fra det .

II : Jeg ville ikke tillate meg selv å bry seg for ti år siden . Så når du sier du ikke ville tillate deg selv , du visste hva det var som om de var vondt . Du visste hva de følte , men du ville ikke la deg selv bry seg om det? Yeah . Jeg vil avvise det . Jeg vil oppta meg med noe annet . Hvorfor tror du at du vendt seg bort fra å fokusere på som ? Vel , på grunn av smerte, eller en type av smerte. Det er som en emosjonelle tvang .

(IBBOTT 4 .)

4 . RESPEKT , gjensidighetsavtaler og identitet .

En annen sentral moralsk tilbakeholdenhet er respekt for andre mennesker . respekt er

anerkjennelse av noens status eller stående .

En slags respekt er aktelse : å respektere Seamus Heaney som en poet er

å tenke høyt om hva han skriver . En annen versjon er en anerkjennelse av

noens status i et hierarki . Det er konvensjonelle uttrykk for

respekt for noens status , en respekt knyttet til høflighet og

noen ganger til ærbødighet . Soldater uttrykke ærbødighet versjon av

respektere når de hilser en offiser . Men aktelse og ærbødighet er ikke

de sentrale moralske begrensninger . Moral krever ofte respekt for

mennesker vi verken følelse eller utsette til .

Det er viser av mindre tvunget og mer likeverdige versjoner av respekt

enn hilste en offiser . Vi anerkjenner noen som en person vi vet av

hilse på dem på gaten . Med folk vi ikke kjenner , er det

konvensjonell høflighet å signalisere anerkjennelse av deres status som

mennesker . Så erkjenner vi at folk har juridisk eller moralsk

rettigheter , og vise dette ved å ikke antaste dem , ikke stjele fra dem ,

respektere deres privatliv , ikke ydmyk dem og så videre .

Både konvensjonelt høflig versjon og respekt for rettigheter kan

uttrykke en dypere og mer generell holdning . Barn , vant til måten

de selv bulk stor i sitt eget liv , kan bli rammet plutselig

med en levende bevissthet om at alle andre mennesker , like mye som

seg selv , har et liv å leve og et synspunkt av sine egne. den

liv og synspunkt av en annen person er så desperat viktig

til dem som mine er for meg . Tanken er en selvfølgelighet , men sin gryende kan være en viktig del av det å vokse opp . Visningen av andre mennesker

guidet av denne bevisstheten kan bli kalt " den dype holdning av respekt " .

På viktige øyeblikk den samme bevisstheten kan gjenta seg med livaktighet til voksne .

I Putney Debatter i 1647 , oberst Rainsborough appellerte til det

når argumentere for regjeringen kun etter samtykke : " For egentlig tror jeg at

de fattigste han som er i England han har et liv å leve som den største

han ; og derfor virkelig , sir , jeg tror det er klart , at hvert menneske som

er å leve under en regjering burde første av sitt eget samtykke til å sette

seg selv under denne regjeringen " . Og George Orwell , uttrykke sin

avsky over å ha opplevd en henrettelse , snakket om "

usigelig wrongness for å kutte et liv kort når det er i full

tidevannet " . Han uttrykte redsel for å gå sammen med den dømte

Mannen : " Han og vi var et parti av mennene gikk sammen , se, høre ,

følelsen , å forstå den samme verden ; og i to minutter , med en

plutselig snap , en av oss ville være borte - en tanke mindre , én verden mindre . "

Noen typer RESPEKT og ikke andre.

Noen av de intervjuede hadde klart respekt for folk med høy

posisjon i det sosiale hierarkiet . ("Fordi det er dronningens eiendom ...

Det er slik jeg ble oppdratt , respektere Crown , respektere uniform ,

respektere den kongelige familien . ") Noen av dem hadde tydeligvis respekt

uttrykt i konvensjonell høflighet . ("Jeg vet ikke sverger foran

hunner ... jeg er respektfull . Jeg mener jeg tror på å åpne dører , og hvis en

kvinnelig er å vandre langs , det være seg en pasient eller medarbeider , jeg la

dem gå gjennom døren først. ") Og prominence av respekt for

rettigheter i deres moralske landskapet har blitt lagt merke til . (" Funksjonshemmede har rettigheter akkurat som normale mennesker ... Jeg respekterer deres grunnleggende rettigheter . ")

Av og til begrunnelsen for å respektere rettighetene viste noen

bevissthet om perspektivet til de som har rettigheter ble krenket . men ,

for det meste respekt for rettigheter var mer en regelstyrt saken

enn noe forankret i bevisstheten om den andres perspektiv .

Hva var hovedsakelig manglet var den dype holdning av respekt . for George

Orwell , gjennomføring betydde en verden mindre , og dette gjorde for

usigelig wrongness av å kutte av et liv i full tidevann . fraværet

på noe av dette er en del av overfladiskhet av noen av de intervjuede '

tanker om dødsstraff . (" Jeg bare se på England . Det er ingen

mellomrom , det er fanger overalt , det er kriminelle hengende rundt

og det, og jeg regner med at hvis det var henrettelse da, mer

gjennomføring enn normalt , tror jeg det ville være en mer roligere verden å leve

    i.   ")

RESPEKT OG gjensidighets : " IKKE veldig virkelig for seg selv" .

Avslag , samt gjøre folk sultne på anerkjennelse og respekt

for seg selv, kan også hindre dem fra å utvikle den erkjennelse

av de indre livet til andre som begrunnelse dyp holdning

respekt . Det er plausibelt å se alt dette som blir gjensidig basert .

Folk lærer den dype holdning av respekt for andre dels gjennom

blir respektert selv.

De andre typer respekt kan være forskjellig . Soldater som ikke var

vist respekt i barndommen sannsynligvis lære å hilse offiserer . men det

kan bli antatt at denne typen " respekt " ikke lenge overleve

fjerning av tvang som pålegger den. Den dype holdning

respekt , den indre erkjennelse av moralsk status for andre mennesker ,

kan trenge noen gjensidighet for fremveksten sin .

I en tidlig fase av prosjektet , dr. Gwen Adshead og jeg var

diskutere personer vi var i ferd med å intervjue . Mange er pasienter av

hennes. Tenker om deres evne til å skade andre , lurte jeg på om

andre mennesker og deres indre liv virket helt virkelig for dem . hun

trodde min tvil kan være riktig , men la til: " Noen ganger er de ikke

veldig virkelig for seg selv " . På den tiden ble jeg fascinert av denne kommentaren ,

men ikke sikker på hva det betydde . En mulig kobling mellom en

redusert følelse av virkeligheten av andre mennesker og en redusert følelse

av ens egen virkelighet kan komme fra konsekvensene av barndommen

avvisning . " Andre folk ikke tilsynelatende helt virkelig for dem " er en måte å

beskriver fravær av indre anerkjennelse av moral status

andre. Og " ikke å være veldig virkelig for seg selv" kan beskrive en annen

konsekvens av avvisning og ydmykelse : unnlatelse av å utvikle en

robust følelse av egen identitet og verdi - svikt som skaper

slik hunger etter anerkjennelse og respekt .

En av funksjonene som er oppført i "Factor One" av Hare Psykopati

Sjekkliste er en "grandiose følelse av egenverd " . Noen av de jeg

intervjuet virket folk som kanskje har lyst til å gi inntrykk av

å være virkelig noen. Men før dette ofte syntes å være behov for å

være en noen snarere enn reell overbevisning . Og uttrykket " ikke veldig

virkelig for seg selv " ofte syntes å resonere med ting de sa .

Har du et bilde av hva slags liv du ønsker å leve når du

er ute ? LF : Jeg har aldri hatt en normal komfortabel tid da alt er solid alle rundt meg , folk er solid alle rundt meg ,

nettopp det , bare enkle , vet du hva jeg mener ? Hva mener du "folk

er solid " ? Er, min familie la meg ned , alt la meg ned ... Dette er bare

ett eksempel. Jeg kom ut , og jeg hadde ikke hatt ingen for ca 6 måneder , deretter

mamma , det er en merkelig forhold , ' cos på slutten av dagen er hun

" Mamma " , vettu hva jeg mener, all den slags ting , og så sier hun ,

" Du gjort veldig bra , tror jeg du fortjener en godbit " og så ... jeg bare

kan ikke, jeg vet det ikke er riktig . Så det bare forvirrer , forvirrende . og

det er slik det har vært i lang tid .

(Farleigh 11 .)

Her er solid er å være noen som kan stoles på , klarert . den

Kontrasten er med å la noen ned . Kanskje føler denne typen

soliditet i andre personer som er en del av det som er nødvendig for å utvikle en følelse

av din egen soliditet og verdi .

5 . MORAL identitet og AGENCY .

De fleste mennesker , uten å bruke uttrykket , har en følelse av sin egen moralske

identitet . De har et bilde av hva slags person de er og noen

viss idé om hva slags person de ønsker å være . For de aller

heldig eller veldig selvtilfreds, de to overlapper ganske mye. for

de fleste av oss er det hull .

Ikke alle deler av bildet av hva vi er som bidrar til den

følelse av moralsk identitet . Våre alder , høyde , hobbyer og preferanser for

noen typer mat , sport eller musikk er vanligvis mindre relevant enn vår

bilde av hvor langt vi er ærlige , sjenerøse , lovlydige , modig , snill ,

en god forelder eller en god venn . Det samme gjelder for den typen person vi ønsker å være . Noen av våre ideer om at (som en god

svømmer eller å ha en mindre kaotisk skrivebord) kan ha liten moralsk import .

Det er bare forhåpninger eller ønsker ladet med verdier som er en del av

følelse av moralsk identitet .

Blant de viktigste moralske begrensninger er disse verdiladedebilder av

hvordan vi er eller hva vi ønsker å være , og særlig ideer av

slags person vi ønsker ikke å være. "Jeg er ikke den typen person som

tar imot bestikkelser . "" Jeg ønsker ikke å bli noen som forråder sin

venner. "

Identitet og byrået er koblet sammen. Hva vi er og hva vi gjør , er

vevd . Vi er alle formet mye av ting utenfor vår kontroll . den

hva slags person vi er , avhenger i åpenbare måter på gener , foreldre , den

kulturen vi vokser opp i , og på mange andre faktorer vi selv gjorde ikke

velger. Men mange mennesker også spille en rolle i utformingen av den type person

de er. Denne selv-skapelse tar ulike former.

Det er hovedsakelig ubevisst form for selv-skapelse Aristoteles

lagt merke til. Vi velger fritt til å handle på en bestemt måte , og disse handlingene

forme våre vaner . I sin tur disse vaner stivne i vår karakter.

Så er det valg som , vanligvis utilsiktet , forme hva vi

er like ved å påvirke den personlige verden som vi lever . disse

inkluderer valg av hvem du skal gifte seg eller leve med , valg av hva jobben til

gjøre og hvor du skal bo , valg om å få barn , og mange flere

trivielle seg. Og det er bevisste prosjekter av selv-skapelse . mange

folk engasjere seg i disse på mindre end : sikte på å endre hva de

er like ved å miste vekt , etter deres valg av klær eller frisyre , etter selvhevdelses kurs eller ved å lese bøker om hvordan du kan gjøre

venner og påvirke folk . Noen få har flere store bevisst

selv kreative prosjekter som kan engasjere dem i år eller et helt liv :

finne selvforståelse gjennom psykoanalyse , blir en olympisk

idrettsutøver , å bli en god kristen eller muslim .

Verdiladedebilder av oss selv , som vi er , og som vi kanskje

blitt, har tydelig innflytelse på de større og mer bevisst

versjoner av selv skapelse . Men de kan også påvirke andre

slag, ved å oppmuntre eller nedslående noen handlinger som kan forme

vaner og deretter tegnet , eller ved å veilede våre valg av venner ,

partnere eller jobber. Å mangle slike bilder er å ha redusert krefter

selv-skapelse og så å miste en sentral del av å være ansvarlig for

ens eget liv .

Følelse av selvtillit : grunne og dype .

Hvor langt gikk mennene jeg intervjuet har disse bildene ? noen svar

til spørsmålene om hva slags person de ønsker å være var

grunt , bare er opptatt av hvilke ferdigheter , talenter eller jobb de ville

lignende.

Tror du folk flest har en idé om hva slags person de ønsker

å være ? En av de tingene .. folk sier er "Jeg ønsker ikke å være den slags

person som gjør den slags ting . Z.C : I noen tilfeller , jeg liksom

som dyktige folk . Jeg skal gi deg et eksempel - Bruce Forsyth . et slikt

stor entertainer , vet du . Han kan spille piano . Han kan gjøre alt

slags ting . Jeg skulle ønske jeg var som ham , talentfull .

(CRINOS 6 .)

Har du et bilde av hva slags person du er ? Har du en

Ideen om enten hva du liker eller hva du ønsker å bli?

J.F : Jeg vet hva jeg ønsker å være. Hva ønsker du å være

ut? Jeg ønsker å være en gangster . Vil du det? Hvorfor ønsker du å være

en gangster ? Jeg ville. Jeg ønsker å være som de Kray tvillingene . ville

du ? Hva er bra med det? Jeg vet ikke . Jeg bare ville. Kray tvillingene

- Tilbake på sekstitallet , Kray tvillingene brukt til å stoppe all ran og

voldtekter på gaten og holdt gatene rene .. de fikk vite

kjendiser og sånt . Og de ga penger til veldedighet .

(FALL 4 .)

Har du et bilde av hva slags person du ønsker å være ? C.Q : Jeg ville

liker å være meg selv , eh, jobber i restauranter , trene for å bli kokk ,

det er det jeg ønsker å være .. Eller jobbe for Rådet eller vei

verker , trenger å grave opp veien fortau .. ting som det, vet du .

(QUIGLEY 4 .)

Den overfladiskhet er ikke bare et spørsmål om å nevne bare jobber i stedet

enn mer verdiladedepersonlige egenskaper . Det er også

inntrykk av ikke mye tanke bak selv valget av ideelle arbeidsplasser .

Valgene av å være en kokk eller gjøre veiarbeid synes ikke å reflektere

ideer om personlig egnethet for en type arbeid eller hva slags

tilfredshet søkes i en jobb . De er mer som elementer trukket på

tilfeldig ut av en kli kar . Eller som Penney Lewis har foreslått for meg ,

de kan reflektere et ønske for en hvilken som helst form for normal jobb i stedet for en

livet til forvaring i en sikker sykehus . Uansett, fravær av enhver

referanse til en verdi ladet bilde antyder en svak følelse av moralsk identitet .

Derimot, noen ga svar som tyder på tanken om personlig

utvikling på ulike stadier av livet . En mann var fullstendig klar over

etter å ha sittet fengslet i mange år, og så har ikke hatt

mulighet til å utvikle .

Vil du være villig til å si noe om hva slags person du

tror du var før , og hva slags person du tror du er nå,

hva som er felles og hva er annerledes ? Q.L : Vel opp før indeksen min

krenkelser som brakte meg inn Broadmoor i 1971 , levde jeg i utgangspunktet en

nivå. Jeg har jobbet , jobbet hardt , fikk en lønningspose , møtte mine kamerater på

slutten av uken , drakk seg full , gikk til puber og klubber , og noen ganger

henga i noen smålig tyveri , vet du . Andre ganger , av og til

kom inn i en kamp, drunken kampen , og at syklusen gjentok seg hver

uke , i mange år , helt til en dag jeg drepte noen og endte opp i

Broadmoor ... Jeg er helt lei av institusjonell livet ... En dag er det

samme som den neste , du vet , jeg er lei av alt som

institusjoner har å tilby. Jeg trenger livets erfaringer utenfor , du

vet, å utvikle seg. Jeg har egentlig ikke fått en sjanse , du vet ... jeg er

54 år gammel nå , du vet , hvis jeg var ute nå , jeg har en tendens til å

forbinder med folk som er i midten av tyveårene som var alders

Jeg ble låst opp opprinnelig , du vet ... Men problemet er at folk

i midten av tyveårene nå er ikke det samme som folk i deres

midten av tjueårene da jeg var i midten av tjueårene . Jeg finner det vanskelig å komme på

med min egen aldersgruppe . Vet du hvorfor du synes det er vanskelig å komme videre med

din egen aldersgruppe ? Vel jeg har gått glipp av all utvikling stadier , du vet , jeg mener folk har , i løpet av den tiden jeg har vært låst

opp , har folk hatt disse opplevelsene , de har giftet seg , har de

hadde barn , de har hatt boliglån , de har hatt ferie i utlandet ,

biler, penger i banken , helligdager. Jeg har aldri hatt noen av disse tingene ,

du vet .

(Lawler , 5-6.)

En annen hadde tanker om moralsk utvikling på ulike stadier av

liv og hans kommentarer også foreslått en ganske dyp følelse av moralsk

identitet som han anerkjent for å være i konflikt med hans tidligere handlinger .

BF : Du kan ikke få en idé om rett og galt som en liten gutt . mye

av som involverer , liksom , "ikke rope på foreldrene dine " , eller " du vil

spise all den maten opp før du går til sengs "eller noe , som er en

grunnleggende jording, men ... som du går gjennom ungdomsårene , er det ingen vits . du

fikk til å lære nye regler ... Når du sier lære nye regler , er det å lære

regler , eller er det å tenke på hva du virkelig bryr deg om , eller hva som er

det ? ... Jeg tror at , eh , ser du hvordan du ønsker å passe i. Du lærer å

oppføre seg riktig , for å opprettholde den posisjonen . Og , eh , så jeg tror ,

eh, den impetuousness av barndommen har å vike og kanskje i utgangspunktet

så det er et spørsmål om lærings regler ... men som stopper stadig

bevisst ganske tidlig . Jeg tror du blir hva du ønsker å bli.

Dette er meg , dette er hvordan jeg vil oppføre seg , dette er hva min samvittighet

forteller meg fordi det er der jeg ønsker å være . Har du et bilde av

hvordan du ønsker å bli ? Um , ja , jeg har ideer om hvordan jeg ønsker å være i

samfunnet og hvordan jeg ønsker å svare på folk . Jeg mener min egen selvtillit . Er,

Jeg tror til tider min , eh . Jeg har vært uvitende , jeg reagerte ikke med en samvittighet som det var og , vil jeg gjerne angre som virkelig og oppfører seg som

en mer eh, human person hele veien rundt egentlig .

(Fellows 4-5 .)

Noen ga svar som har dybde eller overfladiskhet var vanskelig å klassifisere .

Har du et bilde av den typen person som du tror du er ? Hvis

du skulle beskrive deg selv ... hva ville du si om deg selv ?

NB : Um , den typen person som tenker på andre mennesker før

meg selv ... Jeg er bekymret for andre mennesker før jeg bekymre meg selv ... Så

som har en tendens til å forlate meg som en , veldig ned fordi jeg har en tendens til å bruke alt , alt ,

hva jeg har fått i meg for å gi til andre mennesker og la meg med

ingenting . Um , eh, jeg er veldig godt sagt når jeg ønsker å være . Um , jeg bruker øye

kontakt når noen snakker til meg . Um , og jeg er en hyggelig, lys

ung person . Ja. Jeg har en side til meg der jeg ikke liker bøller . jeg

liker ikke mobbing folk . Jeg liker ikke autoritet . Fordi, i

viss grad , um , jeg liker ikke å bli presset ... jeg liker mye av

plass rundt meg .

(BLACK fem .)

Denne kontoen , mens tegning på verdiladedekarakteristikker

relevant for moralsk identitet , har også hint av overfladiskhet . Det finnes

en så sterk følelse av å være en selvoppofrende altruist som en

verk hvor mye kritisk tenkning eller selvbevissthet har gått inn i

konto . Og det er et snev av tilfeldighet i kommentarfeltet om øyet

kontakt , være hyggelig og være velta . Det er en viss følelse av

moralske identitet uttrykt , men på en måte som reiser tvil om

om selvbevissthet er akutt .

Stunting veksten av MORAL IDENTITET : skyld og selvhat .

Er det noen hint om hvorfor følelse av moralsk identitet noen ganger

unnlater å utvikle eller utvikler bare i forkrøplet skjema ? Hvor gjør en

grunt følelse av selvtillit kommer fra? Noen av intervju svar sitert

tidligere har foreslått at å bli vist henseende er viktig for

utvikle en robust følelse av egen identitet . Men blir nektet

henseende er ikke det eneste som holder tilbake veksten av en følelse av

selv . Blir gjort å føle skyld , for å føle seg dårlig om deg selv , kan også

spille en del . Noen av informantene hadde opplevd mye skyldfølelse .

Hva slags ting ble gjort å føle deg skyldig om ? I.I : Well

- Unnskyld meg - onanert og ting ... Så du ble gjort å føle seg skyldig

om det? Veldig mye det . Men du sier at du skjøvet skyld ut av

hjernen din egentlig ? Vel , ja . Jeg ignorerte det . Jeg har valgt å ignorere det

fordi det gjorde meg dårlig .

(IBBOTT tre .)

Noen ganger ble de gjort å føle skyld selv for ting andre mennesker

hadde gjort med dem .

LJ : Jeg hatet meg selv for de tingene min mor gjorde for meg og trinn

bror . Um , jeg trodde det var min feil . At jeg var den som

gjorde feil .

(JACKSON 8 .)

Å være laget å hate deg selv er neppe et godt grunnlag for å utvikle en

følelse av moralsk identitet . Denne byrden av skyld i barndommen øker også en

Spørsmålet om " mangel på skyld " i Cleckley bilde av

psykopat, og som er en del av "Factor One" i Hare Psykopati

Sjekkliste . Betyr dette overbelastning av skyld i barndommen deaden

evne til å føle skyld senere i livet ? Eller er den voksne fravær av skyld

mer tydelig enn reell ?

Noen følte seg ille nok om seg selv til å føle seg anklaget selv for ting

de har ikke gjort .

Har du noen gang skyldfølelse for ting ? N.B : jeg gjør, hele tiden , ja .

Virkelig ? Um , hvis noen sparker i et skap i spisestuen eller noen

skriver noe på veggene , og fordi ingen vet ... som har gjort det ,

Jeg sitte der å ha dårlig samvittighet , tenker jeg håper de er ikke alle ser på

meg .

(BLACK 4 .)

Når informantene snakket om hvorvidt de hadde følt seg skyldig når ,

eller kort tid etter , de hadde begått sine forbrytelser , ga de svært

forskjellige kontoer . Noen gjorde passe Cleckley - Hare bilde av å ha

å være skyld-fri . Men de ga forskjellige beretninger om hvorfor dette hadde

vært så . Noen mente at de hadde begått forbrytelser uten ofre og så

ikke føler dårlig om hva de hadde gjort , men sa at de ville ha

følte seg skyldig hvis de hadde skadet noen .

Har du noen gang føler seg skyldig om noe du har gjort ? N.B : Um ,

(nøling) Nei, nei . Du vil ikke føle deg skyldig om det ? Du ville ikke

føler dårlig om å ha gjort noe ? Jeg antar at jeg føler meg ikke skyldig

fordi jeg aldri har begått en forbrytelse hvor jeg har bokstavelig talt berørt

noen, som jeg har brutt inn i noens hus og stjålet alt ...

Fordi jeg har stjålet fra et kontor blokk ... det er faktisk ikke påvirker

hvem som helst, det er bare fordi det ikke tilhører noen, er det ikke reke noen ut. Men ville du bryr deg om du stjal fra en person

du visste ? Vil du føler deg dårlig om det? Jeg ville, ja.

(BLACK 4-5 .)

Andre sa at noen tendens til å føle seg skyldig ble overveldet av

hat de følte .

Noen mennesker tror at måten din samvittighet forteller deg noe er

galt er at du føler deg dårlig om det . Men andre folk tror at det som

du føler deg skyldig om er bare et spørsmål om måten du ble tatt opp .

O.A : Ja, jeg tror det er sant på begge kontoene . Det avhenger av hvordan

du ble tatt opp , hva du ble tatt opp for ... hm ... det er ... yeah ... jeg

mener, hadde jeg ikke vant til å føle seg skyldig fordi jeg hadde for mye hat inni

meg til å føle skyld , mot alle.

(Addison 4 .)

Andre sa følte mye skyld senere , på grunn av å måtte konfrontere

det vonde de hadde forårsaket , men sa at på den tiden hadde de unngått

skyldfølelse ved å sette på blinkers .

Hvis de ikke har gjort deg i det hele tatt glad , har de vondt andre mennesker og

de har såret deg , de har såret deg blant annet fordi de har skadet andre

mennesker og du føler deg dårlig om det ? O.A : Er, ja , men da er det liksom:

sin , jeg mener hvis du ikke kjenner personen , d' du vet hva jeg mener, du

rettferdiggjøre det , godt du ikke rettferdiggjøre det , trenger du ikke se dem . Ja. jeg mener

Jeg husker da jeg vondt dette balanse i fengsel og hans mor var i retten

og hun gråt og at jeg følte , det var fryktelig , jeg følte meg så

forferdelig . ' Cos hun var der, og jeg kunne se hva hun gjorde . men ,

um , det er som en nødblinkelyset ting , trenger du ikke lete . Når du handlet deg ble , som du sier , forblindet , du tenkte ikke på det

konsekvenser for mennesker ? ... Men barna når de først begynner å gjøre det ,

som om de brytes i et sted og nick ... de skal vende folket ,

'cos det er ingenting verre enn å bli ydmyket helt opp til noens

ansikt. Jeg mener ingen liker det, det er fryktelig . Så det er ikke bare

synes synd på den personen som er skadet , er det også følelsen av skam

om hvordan ... Ja, ja , men alt av det , hele greia , er å se dem ,

se se på ansiktene deres .

(ADDISON 13 .)

Noen sa at de hadde følt seg skyldig på den tiden , men ikke hadde innrømmet det .

QA : Når det gjelder faktisk mord , ville jeg enig med henger. jeg

har drept to ganger - to mennesker , og jeg vil aldri glemme det . Jeg gjorde ikke bare

skade dem . Jeg såret sin familie mentalt , ikke fysisk, men mentalt ,

og deres kjære . Jeg tok dem bort fra sine familier og

alt ...

Føler du deg skyldig om hva du gjorde i de dager ? Jeg føler meg skyldig

om alt jeg har gjort . I disse dager , følte du skyldig , men

ville ikke innrømme det ? Ja. Jeg følte meg skyldig , men jeg ville ikke innrømme det . jeg var

for stolt . Jeg pleide å gå bort og si : "Jeg var ute av orden der " til

meg selv, men jeg vil ikke si det til noen andre , men nå gjør jeg . "

(ASH 5-6.)

En som uttrykte sterke følelser av skyld nå , men sa han ikke hadde

følte seg skyldig på den tiden , var uartikulert om hvorfor dette hadde vært så .

På sin konto , på den tiden han synes å ha vært full av konflikt .

Selv om han nektet å ha følt skyld , sa han at han hadde prøvd å stoppe og hadde følt avsky for seg selv .

LJ : Så det handler om voldtekt er voldelig nok , for Kristi skyld , du

vet . Men selv når jeg gjorde at jeg stoppet plutselig , vet du .

Hva , hva jeg gjør her ? Hva er det som skjer ? Du vet . Jeg prøvde å

gjør svake unnskyldninger til kvinnen , dumme latterlige unnskyldninger til

kvinne , vet du . Og jeg kjørte dem opp til en av de motorveistasjoner

og parkert foran en politibil , som ble satt der . Og det var

den. Jeg ble bare helt kvalm med meg selv . Jeg fikk ikke en jævla

ting ut av det . Jeg mener , seksuelt , gjorde det ikke noe for meg på

det hele tatt. Takk Gud . Men nå , tenker jeg , vel du vet , jeg mener jeg har

forsøkt å få, er alt jeg kan håpe på at kvinnen , kvinnen er vel ikke

fremdeles pinefull om det . Forhåpentligvis har hun vært i stand til å komme videre med

hennes liv og legg den til side. Selvfølgelig , vil hun aldri glemme det . jeg

ville ikke glemme det ...

Jeg mener det er ikke bare påvirket henne , det har påvirket hennes familie og

venner og sånt . Disse tingene , trenger du ikke tenke på . jeg

ikke tenke på dem likevel . Jeg gjør nå . Jeg mener , var tider da

Jeg ønsket at jeg kunne se henne igjen . Ja. Du vet , liksom , ikke be om unnskyldning

nøyaktig , men liksom ... Føler du deg litt dårlig samvittighet for det ? Jo, det gjør jeg

føler seg skyldig om det . Følte du deg skyldig om det i disse dager ? du

si at du er en annen person . Nå du er en person som føler seg skyldig

om den slags ting . Følte du deg skyldig i disse dager om

tingene du gjorde , eller ikke spesielt ? Ikke egentlig . Hvorfor tror du at

var ? Jeg vet ikke. Jeg har ingen anelse .

(JACKSON 11-12 .)

SELV etablering og mangel på kontroll : den gode siden og den dårlige siden .

Noen informanter mente at de hadde vært veldig mye ansvar for sine egne liv :

IQ : Jeg pleide alltid å føle at det er tre kategorier av mennesker i

fengsel og disse etablissementene . Det er trist, sint og dårlige.

Jeg føler også at du passer inn i en av dem , og jeg har alltid klassen meg selv

som dårlige. Ikke trist , ikke sint , men dårlig ... Jeg mener , jeg valgte

ruten har jeg tok , kun meg selv . Jeg mener, sier nei - ene til meg , Joe , du har

fikk til å gjøre dette , må du gjøre det " . Jeg har valgt det , så egentlig min

skjebne som sådan ble lagt ut av meg . Det ble ikke lagt ut før og

sa: " Høyre , er din skjebne å ende opp i Broadmoor i 30 år

tid . Jeg mener jeg faktisk gikk den veien som førte meg hit . Du vet ,

ingen dyttet meg sammen .

(Questor 13-14 .)

Men rapporter om ganske ofte ikke følelse i kontroll var mer hyppig :

JF : Noen ganger i min situasjon , jeg vet jeg gjør galt , selv når jeg

vet jeg burde gjøre rett. Selv om jeg gjør galt , kan jeg ikke stoppe det .

(FALL 6 .)

Du visste at andre mennesker ble hating uansett hva det var . Du gjorde ikke

ønsker å vite om det . Hva smertene ble du beskytte deg selv fra ?

II : Det skjer nesten med meg overalt - Jeg får en psykologisk

inntrykk , kan følelsene ikke være riktig , og det er bare en hjelpeløshet .

Det er en følelse som ville føre til noen form for intensitet , at det

ville presse meg over kanten . Jeg ville ikke være i stand til å takle .

(IBBOTT 4 .)

LF : Jeg vet ikke , jeg mener jeg vet det er det jeg skal , jeg mener jeg ikke nødvendigvis gjøre det selv , fordi jeg alltid har en tendens til å gjøre masse

feil og rotet opp ... Jeg vet virkelig når jeg ser tilbake på disse

ting , jeg vet hva jeg har gjort var galt , men fører opp til det jeg ikke

alltid gjøre det riktige , jeg tror ikke selv , så jeg tror ikke det er

beslutnings der.

Og du føler at du ikke vet hva du vil ha ? Nei, jeg vet hva jeg vil,

og jeg , det bare virker ikke , eh, en slags virkelighet . Ser ikke ut som

skjønt, du vet , jeg kan komme dit .

Det høres ut som om du ønsker å være snill , men noen ganger har litt

problemer med å kontrollere ... Ja, jeg vet , er dette tingen, jeg vet hva

Jeg ønsker å være , og vet hvordan jeg skal opptre , men det hele ser ut til å bare gå

ut av vinduet .

Det virker for meg at du har en ganske sterk følelse av rett og

galt , men det er ikke alltid lett å bruke det i livet ditt . men å sette

den i praksis , er jeg ikke , jeg vet hva som er hva , men jeg gjør ikke , jeg kan ikke,

Jeg er ikke veldig i stand til å sette det ut i praksis .

(Farleigh 3, 5-6 , 9, 14-15 .)

Handling i all hast eller i et øyeblikks raseri kan ta andres liv

og ødelegge sine egne.

BF : Det hele skjer i episoder , men ... selv om vi er her inne for en

Grunnen på det hele, eh det er ikke som om ... grunnen tok opp mesteparten av

våre liv . Sorter av , forekomster av et minutt , fem minutter , på det meste eller

noe bringe oss her .

(Fellows 11 .)

En rapportert å ta beslutninger i all hast og deretter handle på dem mye senere, men uten noen ytterligere mellomliggende tanker :

Er disse veldig forhastede beslutninger tatt i en stemning av sterke følelser ? L.F :

Ja, også , forhastede beslutninger som har spredte slags dager eller uker ,

d' du vet hva jeg mener ? Det er en forhastet beslutning , men noen ganger du

forventer en forhastet beslutning om å være som , to sekunder senere du går ut og

gjøre det , du tror , så du går og gjør det . Men jeg kan ta en forhastet

Beslutningen om noe, og så liksom gjøre det to uker senere . D' deg

vet du hva jeg mener ? Uten , og ikke , i mellom tenker ...

(Farleigh 7-8 .)

Noen av disse kontoene til å ikke være fullt ut i kontroll har resonans

på utsiden av denne gruppe. " Jeg vet at jeg gjør feil selv når jeg vet at jeg burde

gjøre akkurat " er en opplevelse de fleste av oss har. Men , tatt sammen ,

kommentarene tyder på en mye sterkere følelse enn normalt for å være

beseiret i en intern kamp : " det hele ser ut til å bare gå ut av

vindu "," ser ikke ut som om jeg kan få det " , en hjelpeløshet som

" Ville presse meg over kanten . Jeg ville ikke være i stand til å takle . " En sterk

form av denne følelsen av indre kamp og nederlag ble funnet i en

intervjuobjekt som så på seg selv som å ha en god og en dårlig side , og sag

tap av kontroll som seieren i den dårlige siden over god .

FV : Hodet mitt -its all messed opp og jeg fikk som en god side av meg

som snakker til deg nå , og så er det en dårlig side av meg , og når

den siden kommer ut at jeg ikke føler seg skyldig eller noe .. Så , selv om

det er to sider av deg , hvilken side er den virkelige deg ? Den du er

snakker til nå . Er det riktig? Så hvis du nå kunne dumpe dårlig side

du ville gjøre det ? Yeah . Fordi jeg er som et dyr . Som jeg sier , jeg angripe folk for ingenting . Og når du er på den andre siden , vil du

dumpe god side ? Det er som en kamp . Da jeg stakk denne jenta ,

ca ti minutter før jeg gjorde det , ble jeg ha denne store slaget i min

hodet går videre og videre -ikke gjør det , gjør det , gjør det , gjør det - og sånn .

Det gikk videre og videre og til slutt gjorde jeg det . Men etter at jeg gjorde det , det var

som en buzz , vet du hva jeg mener. " Han sortert tispa ut " og sånt

sånn . Jeg ser - deg sortert tispa ut og det ga deg en buzz . så

den dårlige siden liker den slags buzz . Yeah- dårlig side liker

vold - å få min egen rygg og sånt . Den gode siden -it

bare ønsker et normalt liv . Men det er som en stor kamp . Noen ganger kan jeg

taper , fordi jeg hadde en kamp et par uker siden, og den dårlige siden var

tar over mye og sykepleierne så det også. Men du tror ikke

den dårlige siden er den virkelige deg , da ? Hvor kommer den fra ? Jeg gjør ikke

vet .

(VERNON fem .)

Det er veldig langt fra vellykket selv-skapelse . likevel noen

informanter brukte psykiatrisk hjelp i å forsøke å endre

selv. Men innsatsen kan virke en kamp mot enorme odds .

AO : Jeg vet at noen av de tankene jeg har er galt, og noen av de

ting jeg har tenkt på og sagt og ønsker å gjøre er galt . Så jeg vet

at jeg tenker feil , eller gjør galt . Hva gjør du føler deg skyldig

om det , eller hva som gjør at du vet at det er galt ? Jeg tror ikke det er

at jeg føler meg så skyldig . Det er mer at - jeg ikke kan få det av meg , for

startere . I første omgang , selvsagt , det vil ikke gå bort og jeg kan ikke sove . den

gjør meg urolig . Den spiller bare på mitt sinn ... Det bekymrer meg at til slutt vil jeg gjøre disse tingene, og jeg ønsker ikke å spesielt

ønsker å vanskelig for meg faktisk til å si "nei " til dem ... Skal du ha

tanker om å angripe mennesker eller om sex ... De involverer kidnapping ,

voldtekt og vold , og mord , så ... Hvis du kunne velge ikke å ha

disse tankene ... Jeg prøver å . Det er et valg som jeg allerede har

gjort , at jeg prøver ... Det må være veldig vanskelig å gjøre det . Yeah . på

det øyeblikket jeg prøver kjemisk kastrering , for å arbeide på fantasier ,

som vil gjøre unna med sex og mord / vold fantasier som

Jeg har, men jeg er ikke å ha en stor suksess med det .

(ORTS , 4-5 .)

Noen ganger en av de intervjuede , til tross for den indre konflikt og

til tross for de forferdelige ting gjort i det siste , har en trygg

følelse av moralsk identitet : en tro på at deres gode side var den virkelige

person , selv om i det siste det hadde blitt tilstoppet .

Du sier hva du ønsker . Du ønsker å se etter moren din .

Du sier også at du ønsker å ha - du sier , plass til å være meg . O.A :

Ja, rom for å være meg . Hva betyr det ? O.A : (ler) Hva gjør det

mener? Tro det eller ei , jeg er en veldig følsom og kjærlig person . jeg

ønsker å være i stand til å vise noen som jeg kan elske og se etter

dem .. Tror du at du alltid har vært en veldig følsom og kjærlig

person ? Det har alltid vært der . Jeg har nettopp benektet det . Jeg har bare skjult

det , skal vi si .

(ADDISON ni .)

KAPITTEL FIRE : To problemer tolkning.

Det er to åpenbare metodiske problemer for disse intervjuene .

Hvor langt kan svarene på mine spørsmål bli akseptert som sannferdige ?

Og , hvis de tolkninger av hva de sa er riktig , er hvor langt

psykologien beskrevet spesielt til personer med diagnosen sin ?

(Det er også en tredje , svært dypt , spørsmål . Hva er riktig

holdning til denne gruppen av mennesker ? Deres tragiske liv vekke sympati i

en intervjuer . De har også gjort forferdelige ting til andre mennesker

som ikke er til stede for å vinne sympati . Er det en følelsesmessig balanse ,

mellom harde ignorerer tristhet av pasientenes egne

ødelagte liv og en sentimental sympati som blanker ut hva de gjorde

til andre? Disse spørsmålene vil bli satt til side her til den delen av

bestille på " psykiske lidelser , kontroll og ansvar " .)

Spørsmålet om troverdighet .

Sentralt i Cleckley beretning om psykopaten er bildet av

noen conning og manipulerende . Denne ry strekker seg til de i

den bredere kategorien av antisosial personlighetsforstyrrelse . Så det er

en åpenbar metodisk problem . Kan ting sagt i intervjuene

å stole på?

Vanligvis vil en beslutning om å stole på hva noen sier trekker på

to kilder . Det er en intuitiv " lesing " av person , basert på

slike ledetråder som øyekontakt , oppførsel , tonefall og valg av

ord . Og det kan være uavhengige bevis , enten om det er

sa eller om personens troverdighet .

I disse intervjuene en intuitiv lesing var ikke alltid lett . I ett

eller to tilfeller , følte jeg at de kalde , upersonlige svar ga ingen anelse

om deres troverdighet. (Med mindre denne type reaksjon er i seg selv en logger av untrustworthiness , men som ikke synes opplagt .)

Av og til , stemmen til terapeuten virket hørbar . sittende

overfor en svært tøff utseende mann , kan det være urovekkende å høre ham

snakke om nå å være mer i kontakt med sine følelser .

For det meste fikk jeg intuitive inntrykk . Men først var det

en barriere for å bryte gjennom. Kommer på Broadmoor , får jeg en stor gjeng

av nøklene - til låst omkretsen porten og til de låste dører på

vei til menighetene . Kommer på avdelingen , går jeg til sykepleieren . han kaller

pasienten og tar oss både til intervjurommet . Så jeg synes , i likhet med

en fangevokter med en jangling knippe i beltet mitt , i selskap med

noen sannsynligvis sett på som en autoritet figur . Og , sammenlignet med mange av

de menneskene jeg intervjuet , kan slik jeg snakker reflektere forskjeller i

sosial klasse og utdanning . Det kan minne dem om tidligere møter med

skolelærere , advokater eller dommere .

Jeg prøver å bryte ned barrieren , men det tar tid . Før du forlater ,

sykepleieren kan ha sagt briskly , "Robinson , du har fått en forskning

intervju . Få inn i intervjuet rommet . " Når vi har satt seg

sammen , sier jeg, " Mitt navn er Jonathan Glover . Jeg er glad for å bli kalt

Jonathan . Vil du at jeg skal kalle deg Mr. Robinson eller Fredrik ? "

Vanligvis svaret er langs linjene av " Fred vil gjøre" . den

intervjuobjekt har sett en kort redegjørelse for prosjektet , og har samtykket

til intervjuet . Men jeg stave ut at jeg ikke har kommet til å spørre om

hans kriminelt . Jeg har kommet for å spørre om hvordan han tenker om

noen spørsmål om rett og galt , og at han ikke har til

svare på noe han ikke ønsker å . Men så langt er lite gjort

for å redusere høyden av barrieren .

Vanligvis atmosfæren blir bedre i løpet av timen eller så av

intervju . Jeg stille spørsmål på en måte håper jeg er både brukervennlig og

respektfull . Til en viss grad synes de å varme til å bli spurt om hvordan

de tenker og hvordan de ser ting . Med litt flaks , kan det komme over det

Jeg finner det de sier veldig interessant .

Jeg satte min båndopptaker på bordet mellom oss og slå den på .

Fordi jeg er udugelig med slike ting , etter et minutt eller to jeg si ,

" La oss bare sjekke om denne tingen fungerer" . Noen ganger finner jeg ingenting

har spilt inn og deretter fikle med det heller inkompetent . den

Mannen motsatte ser på meg med økende vantro og så sier

noe sånt som : "Nei , nei, ikke sånn . Her la meg gjøre det " , og deretter

arrangerer det som det skal være . Dette er ikke noe jeg kunne (eller ville

vil) satt opp med vilje , men det skjer hjelper ting sammen .

Som barrieren bryter ned litt , begynner jeg å få litt intuitivt

inntrykk av personen. Det hender jeg tror jeg hører en falsk tone i

det som blir sagt . Når dette skjer er det er vanligvis knyttet til en følelse av at

personen som snakker mener , feilaktig , at det å gjøre et godt inntrykk

på meg kan hjelpe sin fremgang mot løslatelse . (Hvis han ikke tror dette ,

det er tross forklaringer at jeg ikke er festet til Broadmoor

ansatte .)

Men, for det meste , øyekontakt , uttrykk i ansiktet og

tonen i stemmen foreslå ekthet . Et par av de jeg ser er ganske

vanskelig å få til å snakke på en hvilken som helst lengde . De virker veldig uartikulert , eller

annet ut av fatning av nyhet eller tilsynelatende særhet av spørsmålene .

Eller er det mulighet for at deres flyt av talen kan ha

atrophied i sine år med innesperring . Ingenting av dette virker som en

villedende positur . Men disse er i mindretall . De fleste av de andre kommer til å

synes ganske glad for å bli spurt om disse personlige spørsmålene om deres

verdier og deres synspunkt , og å like å bli lyttet til . de

ofte over- ride hva jeg har sagt om intervjuet ikke å være om

deres straffbar handling . Noen ganger synes de ivrige etter å diskutere det , som

hvis det er noe de er opptatt av å uttrykke . Og ofte uten

å bli spurt, det er ting de synes å ønske å øse ut om

sin barndom . Med alt dette , hva kommer noen ganger på tvers er et

drevet kvalitet i hva de sier . Det virker emosjonelt ladet heller

enn beregnet.

Selvfølgelig kan det briljant villedende Cleckley psykopat kommer

over som dette . En fare for å bli altfor påvirket av Cleckley

bilde av den manipulerende con - mannen er at det kan gjøre det umulig

for noe noen gang å telle som bevis mot den. tegn normalt

noe som tyder på en løgner blir tatt for å bekrefte uærlighet , og tegn

normalt tyder ærlighet blir tatt for å bekrefte briljant

manipulerende skuespill . Hvis Cleckley bildet er å være sårbar for

mulige bevis mot det det må være en viss mulighet for en

tolkning som noen ganger tar signalene tyder ekthet på

pålydende . Vi alle står overfor problemet med andre sinn hele tiden . vi

all "lese" hverandre , og vi vet aldri med absolutt sikkerhet at

en bestemt avlesningen er korrekt. Men mye av tiden vi har

ganske god grunn for våre tolkninger , til tross for at vi

noen ganger er uenige om når det er slik.

Med de menneskene jeg intervjuet , er det noen ganger uavhengig

bevis . En åpenbar Cleckley -type tanke er om regnskapet de

ga av deres desperate barndommer . Å gjøre opp historier av denne typen

kunne være en åpenbar knep for å få sympati og for å unnskylde seg

fra ansvaret for de forferdelige forbrytelsene de har begått.

Psykiatere som arbeider i Broadmoor - ikke en gruppe mange ville mistenke av

liggende å forbedre sine pasienters omdømme har sagt i samtalen

at det store flertallet av sine pasienter , 80 % eller mer , har hatt en slik

barndommer .

Of course , for mye av det de sier det ikke er tigjengelig hjelp

uavhengige bevis . Intuitivt , sa de tingene virket det meste - men

ikke alltid uekte . Disse fortolkninger er i noen grad

subjektive , og de som leser svarene sitert noen ganger kan foret

sine egne tolkninger til de som foreslått her .

Hvor langt er psykologi som framgår særegent antisosiale

PERSONLIGHETSFORSTYRRELSE ?

Å intervjue disse mennene var å prøve å få et glimt av de delene av deres indre

lever å gjøre med deres verdier , moral og samvittighet . Men , selv om

bildet her er omtrent riktig , hvor annerledes er deres indre liv

fra de av mange andre mennesker ? Det har vært antydet at deres

inkludere en kommandolinje moral , ideer om primitive rettferdighet , sinne ,

overfladiskhet av moralsk tenkning og et grunt oppfatning av seg selv ,

en tendens til å sette på blinkers , og bygging av en defensiv vegg

mot å bli såret eller ydmyket av andre mennesker . Men hver av disse er

finnes i mange som ikke har noen psykiatrisk diagnose . Hva er den

implikasjonene av dette for nytten av den konto som framgår

fra intervjuene ? Og hva er implikasjonene for nytten

av kategorien antisosial personlighetsforstyrrelse ?

Ta en av de åpenbare funksjonene i deres indre liv . En av dem

sa: « Du bygger opp denne muren " . Men er dette virkelig en

karakteristiske respons av denne gruppen av mennesker ? Ted Hughes skrev

noe i et brev til sin sønn Nicholas , som kan finne et ekko i

mange mennesker . Han nevnte en følelse av utilstrekkelighet mennesker har , den forstand

for ikke å ha en sterk nok ego til å takle indre stormer . han knyttet

dette til det sårbare barnet fortsatt inne i hver av oss :

" Alle prøver å beskytte denne sårbare to tre fire fem seks

syv åtte år gamle innsiden , og å tilegne seg ferdigheter og forutsetninger for

håndtere de situasjoner som truer med å overvelde den. så

alle utvikler en hel rustning av sekundær selv, kunstig

konstruert vesen som omhandler den ytre verden , og knuse av

omstendigheter . Og når vi møter mennesker dette er hva vi vanligvis møter ...

Det er slik det er i nesten alle. Og det lille skapningen er

sitter der , bak rustning , peering gjennom spaltene ... Every

enkelt person er utsatt for uventet nederlag i dette innerste

emosjonelle selv . Når som helst, bak den mest effektive tilsynelatende voksen

utvendig , er hele verden av personens barndom være nøye

holdt som et glass vann svulmende over randen. "(REFERANSE TIL

CHRISTOPHER REID (red.) : BOKSTAVER Ted Hughes , LONDON , 2007 , SIDER

513-514 .)

Selvfølgelig gjør vitnesbyrd Ted Hughes ikke garantere at

alle utvikler en defensiv vegg : " en hel rustning av sekundær

selv " . Men , hvis mange av oss svare på tanken hans med noen

anerkjennelse , tyder dette på at muren kan beskytte

langt flere mennesker enn har diagnosen antisosial personlighetsforstyrrelse

lidelse . For å finne ut hvor mange andre mennesker , og for å finne ut om den

veggen er mer vanlig eller er sterkere hos personer med diagnosen , ville

trenger subtil empirisk undersøkelse .

Hvis disse intervjuene hadde hatt en kontrollgruppe , ville det ha vært

mulig , i hvert fall i prinsippet , for å se om muren var

mer vanlig blant Broadmoor gruppen . Men i praksis ville det

fortsatt har vært vanskelige spørsmål om tolkning . Ulike kontroll

grupper kan generere forskjellige grader av kontrast, eller til og med

Forskjellen mellom noen kontrast og ingen i det hele tatt. Og hvor langt er det

usynliggjøring av noen defensive muren et tegn på at det ikke finnes ? Eller hvor langt

antyder det dyktighet som veggen i seg selv kan være

defensivt skjult ? Noen av disse mulighetene hente ut en

nytte av å tenke på mennesker med psykiske lidelser i form av

posisjoner på ulike dimensjoner av menneskelig psykologi .

Den " dimensjoner " tilnærming er et alternativ til en sterk psykiatrisk

tradisjon påvirket av visningen av en medisinsk lidelse som alle eller ingen :

noe en person enten gjør eller ikke har. På denne tilnærmingen ,

bipolar lidelse , eller antisosial personlighetsforstyrrelse , er en kategori

som kusma , med et klart ja - eller -nei svar på spørsmålet om hvorvidt

det er til stede . De med disse lidelsene bebo separate bokser , kutte off fra variasjoner som finnes i "normale" mennesker . Den alternative syn er

funnet blant mange psykologer . Vektleggingen av " dimensjonene av

personlighet "antyder vi er alle et sted langs et kontinuum mellom ,

for eksempel, følelsesmessig stabilitet og manisk depresjon. På denne visningen ,

det er en viss vilkårlighet i cut - off point for psykiatrisk

lidelse .

Denne kontoen av kontrasten har skjerpet den ved noen forenkling :

utelate de kvalifikasjoner som bringer de to tilnærmingene nærmere

hverandre. Men det er reelle forskjeller i vekt . Tilhengere av

den " kontinuum " syn kan beskylde de andre for å gjøre psykiatrisk

pasienter mer fremmede enn de burde være . Tilhengerne av "alt eller

none " syn kan si " kontinuum "tilnærming underplays

egenart av psykiatriske lidelser . Som i andre deler

medisin , kan hver tilnærming passe noen lidelser bedre enn andre.

Spørsmål om kategorien av antisosial personlighetsforstyrrelse

forbli . Er det en nyttig kategori ? Hvis det er , hvor langt er det " egen" som

mot et spørsmål om å være mer sammen forskjellige typer kontinuum ?

Byggingen av muren er bare en av funksjonene som

kan være karakteristisk . Men , tar denne funksjonen , hvis Ted Hughes var riktig ,

muren er langt fra unik for de med denne diagnosen .

Men , selv om han har rett , de kan enten bygge en slik mur mer

ofte , eller bygge en høyere og mer befestet en.

Disse tingene som vi ennå ikke vet forlate spørsmålet om status

av kategorien antisosial personlighetsforstyrrelse opp i luften . den

Intervjuene tyder på det psykologiske klynger at mange av dem har til felles , mer så enn blant folk flest. Hvis dette er sant

de fleste mennesker med diagnosen , tyder dette på kategori gjør

har noe til det. Men jeg kom også unna med inntrykk av at

tenke for mye i form av diagnose , med alle assosiasjoner

avledet fra Cleckley tradisjon , kan komme i veien for å snakke med

dem , for å høre hva de sier , og av å se dem som de menneskene de

er.

KAPITTEL FEM: SHAKESPEARE KOMMER TIL BROADMOOR .

HAMLET : Jeg har hørt at skyldige skapninger på en lek

Har ved svært utspekulert av scenen

Blitt truffet så til sjelen ...

... Stykket er tingen

Hvori Jeg skal ta samvittighet av kongen .

Oppgave å hjelpe denne gruppen av mennesker inneholde eller vokse sine

voldelige impulser er kompleks . De fleste av dem er folk som har moralsk og

emosjonell vekst har blitt hemmet . Til en stor grad på egenhånd

konto , dette var fordi de var barn som ikke ble elsket. mye

av skaden ikke kan gjøres om. Ingenting vil bringe tilbake folket

noen av dem drept. Ingenting vil fjerne den fysiske eller psykiske

arr igjen på dem de angrepet eller voldtatt . Og for seg selv ,

ingenting vil tørke ut barndommen avvisning , etterfulgt av samfunnets

avvisning etter deres forbrytelse , eller det faktum at så mye av sitt liv

har blitt brukt i innesperring .

En . Gjenopplive og pleie moralske og følelsesmessige vekst .

Men kanskje noen av de forkrøplet psykologisk vekst kan bli gjenopplivet .

De forkrøplet deler inkluderer empati og sympati . Også forkrøplet er

evne til å bevege seg fra overfladiskhet til dybde . Det er et behov , for

eksempel å utvikle respekt for andre mennesker som går utover

la kvinner gjennom døren første og andre konvensjonelle

høflighet . De trenger også hjelp til å bygge opp en helhetlig moralsk

identitet , vil en følelse av hvem de er som gjør dem i stand til å leve

ute i verden og å leve i fred med seg selv .

Noen av disse typer vekst er knyttet sammen, hvis det er riktig at "andre

folk som ikke er veldig virkelig for dem " er bundet opp med " ikke å være veldig

virkelig for seg selv " . Kanskje empati , sympati og respekt for andre

er lært i barndommen gjennom gjensidighets : gjennom seg selv

blir vist empati , sympati og respekt . Og blir vist de samme

ting kan være viktig for fremveksten av en følelse av moralsk identitet

og den tilhørende flytte fra overfladiskhet til noe dypere .

Disse conjectures foreslår to tilnærminger . Det ene er å prøve å trekke ut

dypere emosjonelle reaksjoner , som også kan stimulere dem til å reflektere

på seg selv og på sine verdier . Dette betyr å nå dypt inne

dem , og det kan være et spørsmål om hvorvidt resultatene rettferdig

det mulig nød involvert . Den andre , relaterte , er strategien å

hjelpe dem å engasjere seg i forhold som trekker ut gjensidige emosjonelle

svar og gjensidig respekt . Begge tilnærmingene kan trekke på noe

svært forskjellig fra avløsning ofte tenkt hensiktsmessig i

fagfolk .

" Prøver å gjenopplive ", heller enn bare å "gjenopplive " , deres emosjonelle

vekst, fordi suksess kan være ganske begrenset. Kanskje kapasiteter kan atrofi når sensitive perioder for deres utvikling har vært savnet ?

Små barn kan plukke opp et nytt språk med en perfekt aksent som

voksne vanligvis finner svært vanskelig eller umulig . Er det tilsvarende nøkkel

tidlige perioder for deler av følelsesmessige og moralske utvikling ? I så fall

kanskje det er for sent å gjøre godt alt som har gått tapt . Men , bare

som voksne kan fortsatt lære språk , kan emosjonelle sent startere gjøre

noen fanger opp . Den eneste måten å finne ut er å prøve .

To . "Betalt VENNER " PROBLEM .

Hva er involvert i å hjelpe dem engasjere seg i relasjoner ? Et spørsmål

er om de som ville gi denne hjelpen. Hvem ville de være ? hvordan ville

de satt på det, og i hvilken sammenheng ? Ville de være " betalt venner " ,

med manipulasjon og mangel på ekthet som innebærer ? dette tvil

er ikke marginal , og kanskje ingen strategi eller teknikk vil helt

komme rundt det . Men eksperimentere med ulike " ikke- standard "

psykiatriske tilnærminger kan indikere hvor langt hver lykkes eller mislykkes.

Noen tilnærminger , en gang " ikke- standard " , for eksempel kunstterapi og drama

terapi , er nå en synlig del av mainstream . Selv om det er en

element av den innbetalte venn om dramaet terapeut , det kan fortsatt

være reelle fordeler . Peter Brook , i The Empty Space , beklager det, for

mange mennesker , teater og annen kunst er ikke en nødvendighet, men en

ekstrautstyr. Han kontrasterer dette med behovene til psykiatrisk

i - pasienter noen ganger møtt med drama terapi . Temaer foreslått av

pasienter , dramatisert med hjelp av terapeuten , kan trekke både

de som handler og de som ser inn diskutere saker de alle

aksje. Tar ingen utsikt om hvorvidt dette hjelper behandle psykisk lidelse ,

Brook sier den delte opplevelsen litt endrer hvordan de komme videre med

hverandre. " Når de forlater rommet , de er ikke helt det samme som

når de kom inn . Hvis det som har skjedd har vært shatteringly

ubehagelig , er de vitalis i samme grad som om det hadde

vært store utbrudd av latter ... rett og slett , noen deltakere er

midlertidig , litt , mer levende " . (Referanse til den tomme plassen ,

SIDER 148-150 .)

Tilnærmingen som beskrives her er ikke vanlig drama terapi . Det

å gi pasientene en sjanse til å se kraftfullt handlet spiller som går dypt

inn i ting som har formørket sine egne liv .

Tre . SPILLE Shakespeare in BROADMOOR .

Fremfor alt vi ta oss til deadened organ , fantasien .

Det er som legens kunst , eller kurtisanen tallet. Legen kan ikke elske

hver pasient , kan kurtisanen ikke elsker hver klient . Det er vanlig

menneskeheten som holder deg gående . I denne forstand , har hver skuespiller signert

en uskreven hippokratiske ed .

Simon Callow : Å være en skuespiller .

Mer enn et tiår før intervjuene i Broadmoor beskrevet i

denne boken , sykehuset arrangert en rekke bemerkelsesverdige teatralsk

forestillinger . Mellom 1989 og 1991 , Royal Shakespeare Company,

Royal National Theatre og andre grupper tok til Broadmoor noen av

Shakespeares tragedier : King Lear , Hamlet , Mål for mål og

Romeo og Julie . Fordi så mange av dem innesperret i Broadmoor opphold

der lenge , er det sannsynlig at noen av de menneskene jeg intervjuet

var i publikum . Selv om ikke , vil publikum har tatt

folk som ligner dem som verdier og historie jeg har forsøkt å

skisse . Disse forestillingene , og deres mottak , foreslår noen

ukonvensjonelle tilnærminger til pleie moralsk og følelsesmessig vekst .

Dette kapittelet tittel er lånt fra tittelen på Murray Cox '

slående bok Shakespeare kommer til Broadmoor . (I dette kapitlet trekker jeg

enormt på den boken , så vel som på hans andre bok Shakespeare som

Sufflør .) Murray Cox var en konsulent psykoterapeut ved Broadmoor .

Han hadde pensjonert noen år før jeg dro dit for intervjuene , men

som jobber der fortsatt noen ganger lyser opp ved omtale av hans

navn .

Mark Rylance møtte Murray Cox på et symposium i Stratford . han var

tiden spiller Hamlet og , over en kopp kaffe , foreslo han at " det ville

være bra om vi kunne bringe Hamlet til Broadmoor " . Så Hamlet ble

første i rekken av spiller utført på sykehuset . nesten en

fjerdedel av pasientene søkt å delta . Til tross for beslutningen om ikke å

risikere psykologisk skade på pasienter som kan være altfor sårbar ,

ingen av de som søkte , ble ekskludert . Publikum fikk også inkludert

noen av sykepleierne og andre ansatte . Etter forestillingen skuespillerne og

publikum blandet og snakket sammen . Et par måneder etter at Hamlet

kom Romeo og Julie , som skal følges av Mål for mål og

endelig King Lear . Etter den siste opptreden noen av publikum

valgte å bo på for en workshop der de delte sine erfaringer

med støpt .

4 . Strekker seg langt INSIDE .

GERTRUDE : Du turns't mine øyne inn i min sjel .

Både psykiatere og skuespillere vitne til måten de spiller noen ganger

nådde dypt inne pasientene .

Rob Ferris , en konsulent Forensic Psykiater , sa at

psykiatrisk forsøk på å hjelpe pasientene få innsikt i deres

voldelige handlinger mislykkes ofte . Men , " Det som slår meg er kraften i

teater , kraften i forestillingen for å få dem til å nærme seg dem ,

å kommunisere med dem " . Han sa at år med terapi noen ganger

har lite åpenbar fordel , "Men i en enkelt ettermiddag jeg kan føle

kraften av den ytelse som nå dem , og deres evne til å

svare . "

Skuespillerne var noen ganger klar over den spesielle emosjonell ladning gitt

for anledningen bare ved sitt vesen i Broadmoor . Brian Cox , som

spilte King Lear , uttrykte dette :

Lear var røff produksjon fra ordet gå , og dens liv avhengig av

sitt publikum . Hvis det var en død publikum , det var en død ytelse

fordi vi ikke kunne gjenopplive noe som ikke var der. vi

kunne ikke gi liv til noe som ikke var der. I Broadmoor deg

hadde ikke det problemet fordi hele arrangementet er teatralsk . å

spille til en haug av psykiatriske pasienter er en teatralsk ting å gjøre .

Aktørenes egen følelse for hva som er der i stykkene noen ganger ga

dem ideer om hva resultatene deres kan føre til pasientene .

Brian Cox reflektert på King Lear :

Det handler om død , det handler om å akseptere din ende , akseptere at i min

begynnelse er min ende ; at du høster hva du sår , med mindre du gjør

endrer raskt og gjøre det godt igjen når det gjelder deg selv . Egentlig er det om å finne vår egen fred , som det må være for de tragiske mennesker

på Broadmoor .

En pasient hadde et svar som kom svært nær dette håpet :

Når Lear døde følte jeg en overveldende følelse av tap , og tårer ridning

nedover kinnene mine . Jeg ønsket desperat å gå over og klem Lear liket .

Jeg følte følelse av unionen i døden mellom Lear og hans døtre .

Også følelsen av fred og helhet i dødsfall ...

De spiller fikk gjenlyd med pasientenes bevissthet om deres

situasjon, og sin egen historie . Brian Cox bemerket noen svar til

Lear :

Da jeg sa: " Er det noen sak i naturen som gjør disse hardt

hjerter ? " en jente dessverre ristet på hodet fra side til side i en svært

smertefull måte .

I den gale scenen , lo publikum , med en bestemt kvalitet til

det som var ganske spennende . Det var den linjen som begynner slik: " Hva !

Ar't gal ? En mann kan se hvordan denne verden går uten øyne ... Ingen gjør

fornærme , ingen jeg si , ingen. " Og det var ekstraordinære da jeg sa at

linje.

Da jeg sa , " Oh la meg ikke bli sint " , slik uttrykket gjallet

rundt i rommet var ekstraordinære ...

Pasientene selv snakket av linkene de gjorde med sitt eget liv :

Hamlet , kan personen også har vært min mor , bror , søster og

med bare en venn og hvordan de følte lære at jeg , deres

bror , hadde gjort hva jeg hadde gjort, så det har en mye mening ... Jeg

håper du forstår dette .

Visste gjør disse koblingene stimulere til refleksjon over seg selv ? A

konsulent fortalte Brian Cox at mer enn én pasient av hennes sa

ting langs linjene av "Jeg gjorde så misunner evnen til Cordelia og

faren for å ha en avskjedsgave ... det gjorde meg tenke på min egen

situasjon , spesielt før jeg drepte mine foreldre . "

Og noen publikums kommentarer foreslo tanker dypere og mer alvorlig

enn den grunne conventionality og kommandoen moral merk

i noen av de " sokratiske " intervjuer :

En av de kniv scenene minnet meg om en episode da jeg truet

en ex -kjæreste , og det brakt hjem til meg frykten hun følte ... rett og slett

fordi jeg følte meg redd ser det samme . Det har også brakt hjem til meg

hvordan vi sammensatte våre elendighet gjennom våre egne destruktive følelser av

bitterhet og hevn ... Hvis vi bare kunne lære å ikke handle på

impulsive lyster av hevn ville vi så minske mengden av tragedier

i dette samfunnet .

. 5 scene og sal : å gi noe tilbake .

For å spille til en stor og sympatisk publikum er som å synge i et rom

med perfekt akustikk . Publikum utgjør det åndelige

akustikk for oss . De gir tilbake det de får fra oss som levende,

menneskelige følelser .

Constantin Stanislavskij : En skuespiller Forbereder .

Et forhold gjorde begynner å utvikle seg mellom skuespillere og publikum .

Noen ganger skjedde ting da de var bare mingling før eller etter

stykket . Georgia Slowe (som spilte Juliet) lagt merke til hva som skjedde da

én pasient tilbys Jenny , som spilte sykepleier, en kopp kaffe :

Hun snudde fraværende fraværende og strøk ham på armen : "Nei takk ,

elskling " . Jeg var bak ser mannen , og det var hans uttrykk

som slo meg , når denne herlige mors kvinnen strøk ham og kalte

ham " elskling " i en distré måte ; det var bare en fantastisk

uttrykk . I det øyeblikket slo det meg at han hadde hatt Jenny som sin

mor , han kan aldri ha vært der ; Hele sitt liv har kanskje

vært svært annerledes .

Etter en forestilling Ron Daniels , som regisserte Hamlet , ble fortalt av en

pasienten at dette var ikke hvordan Shakespeare ble normalt gjort :

" Nei , jeg vet det ikke er " , sa jeg , " men det er basert på en sentral idé om

en av min familie som hadde schizofreni og som drepte seg selv på

23 år gammel. " Denne pasienten , denne mannen la armene rundt meg og klemte

meg og sa " det vil være all right" . Han var på utkikk etter min smerte og jeg

tenkt på hva som skjedde her var ikke bare oss å gi, det var oss

mottar også.

Men hovedsakelig forholdet kom fra å dele opplevelsen av

spiller det så mye gjenklang med livene til pasientene . Brian Cox

funnet spille Lear enklere i Broadmoor enn noe annet sted :

Det var den mest slippe ytelse som jeg noensinne har hatt , fordi det

plutselig hadde et poeng til det . Fordi jeg plutselig følte at jeg gjorde

det til en haug med folk som faktisk forsto hva Lear smerte var

om ... De visste , fordi deres fantasi var så akutt .

Forestillingene ga pasientene den sjeldne muligheten av

gjensidighet , for å gi noe tilbake til skuespillerne , som aktørene i

slå verdsatt . Clare Higgins , som spilte Gertrude , uttrykte dette :

... Publikum var å svare på en måte som jeg lengter etter publikum å

svare -in en følelse måte og i en veldig åpen måte . Som vi kom mot

slutten av stykket , jeg plukket opp følelser fra at publikum at jeg

aldri vanligvis plukke opp i teateret . De rett og slett virket villig til å

krysser fasen linje, og for å være en del av stykket : det var mye

sorg i rommet , og sorg og anger , og de syntes å være

skyve spille til sin konklusjon med oss . Jeg fant det ekstraordinære ,

fordi jeg ikke tror mange mennesker i det rommet var intim med

spille , eller visste hvordan det skulle ende . Men de syntes bare å rulle

med det , med oss , til slutten . Det var en vakker følelse . Jeg har aldri

hadde det med et publikum før - at alle vi sammen skulle se

stykket gjennom .

Mark Rylance snakket om sin egen reaksjon på en interjection under

Ophelia begravelse , en respons som skuespiller og Hamlet er slått sammen :

Det var en fantastisk øyeblikk da jeg sa til Laertes , "Jeg elsket Ophelia .

Førti tusen brødre kunne ikke med all sin mengde kjærlighet gjør

opp min sum. " Og en av pasientene sto frem og sa:« Jeg tror

deg " . Mitt hjerte virkelig kvalte opp og tårer strømmet inn i øynene mine , og jeg

tenkte -Oh jeg virkelig trengte noen til å si at ... Jeg var ikke klar over hvordan

mye jeg trengte å bli trodd . "... Jeg følte meg ja , bare en som deg

ville forstå . Kanskje det er en del av grunnen til at jeg ønsket å gå - eller

Hamlet i meg ønsket å gå ; en følelse av at folk ville forstå .

I tillegg til dette gir tilbake , var det også en viss innbyrdes sammenheng. Mark

Rylance , som spilte Hamlet , håpet at det faktum skuespillerne hadde

kommer kanskje sende et signal :

Jeg kan tenke meg det var noe i seg selv bare for å føle at vi kom og

ga at ytelsen til dem . Hvis jeg var et sted sånn og

noen kom og gjorde det for meg , ville jeg føler at kanskje var det

noe godt i mennesker eller at de trodde jeg var verdt det .

En pasient sa den delte opplevelsen førte til vennskap :

Skuespillere kom hit som ukjente mennesker og la firmaet

venner. Grunnen til dette ... er at vi deler en intimitet og enhet

som aldri kan oppleves andre steder .

Etter å ha drept og mishandlet oss selv , er vi i stand til å forstå

galskap og vold ... i Shakespeares tragedier fordi det er nær

til vårt hjerte . Vi trenger ikke å gjette hva det [er] liker å drepe , lemleste ,

og føler absolutt fortvilelse . De fleste av oss har vært der selv.

6 . Bekymre deg for inauthenticity .

Hva om " betalte venner " problemet nevnt tidligere ? er det

noe manipulerende eller inautentisk om bevisst å bruke en

ytelsen til en Shakespeare spille for å nå ting dypt inne i

pasienter ? Den emosjonelle gjensidighet og gjensidig respekt som begynte å

vokse ut av deling av dyp erfaring teller mot dette .

På forhånd noen av skuespillerne gjorde bekymret for å bli manipulerende eller

nedlatende . Mark Rylance uttrykte dette :

Jeg var veldig redd for at jeg ville være nedlatende dem ... Du vet , de

skulle tro , vel , hvem er disse aktørene som kommer her utgir seg for å være

sint eller utgir seg for å myrde eller å voldta og for å komme inn i den plassen

hvor jeg faktisk har vært og hvor jeg faktisk har lidd alt dette

smerter på grunn av å være der . Jeg fikk plutselig veldig redd for hva

Jeg gjorde. Hvilken rett hadde jeg til å komme hit og skildre ting som

dette til folk som kanskje hadde opplevd disse tingene i deres

liv ?

Men denne bevisstheten selv gjort for autentisitet :

... Den følelsen er som en ild som brant bort overflødig ego og alle

triksene du vil stole på, og jeg bare følte jeg måtte være helt

ærlig her . The Hamlet må være helt syre , ærlig ... Det var en av

de fantastiske øyeblikkene som jeg jager etter hele tiden , når du

føler du er en leder og det er noe som kommer gjennom deg, heller

enn du gjør noe . Og jeg føler ikke at jeg hadde spilt

del i det hele tatt . Jeg følte de spilte det . Noe kollektivt kom gjennom

meg , gjennom ordene . Det var svært lite "gjør" ; den "gjør" fikk

brent bort , og det var mer velvære ...

På et tidspunkt sa han ordene " Foul gjerninger vil stige , selv om alle

jorden o'erwhelm dem , til menns øyne " :

Jeg sa denne linjen til en mann som jeg ikke visste , men som hadde sett på meg

med slik klarhet , med ingenting, men en helt rett blikket . den

bare føltes umiddelbart som om det var en veldig følsom gruppe mennesker

der, hadde den en å trå svært forsiktig og ikke misbruk , ikke ta

fordel , bare gi dem det så enkelt som man kunne.

Mye det samme tanke som inspirerte Rebecca Saire playing av Ophelia :

Vanligvis en del av meg står på den ene siden , bedømme meg selv og

publikums respons på det jeg gjør . På Broadmoor , fant jeg ut at

observatørens del av meg sugd tilbake igjen Konfrontert med så mye sannhet i

respekt for de menneskene vi utførte foran , ubevisst I

innså jeg trengte 100 % av min egen sannhet å besvare dem . Det var som om jeg

spilte Ophelia for første gang .

7 . Hjelpe folk FJERN blinkers og gjøre noen sprekker i veggen .

Stemmene sitert her er bare noen få fra et publikum som inneholder

nesten en fjerdedel av Broadmoor -pasienter . Så det er også sannsynlig at

har vært noen som har svart mindre .

Det er en hel psykologi som venter på å bli kartlagt av hvorfor noen mennesker

som har gjort forferdelige ting er mer tilgjengelig enn andre . i sin

selvbiografi Beside Myself , beskriver Antony Sher snakker med to

mordere , løslatt etter fengsels , som en del av forberedelsene til å spille

Macbeth . Ett (" Mark") hadde vært en gambling stoffmisbruker og drepte sin beste

venn i stedet for å innrømme at han hadde gamblet pengene for elektrisitet

regningen . Han var følsom på en måte som foreslått " ingen ytre lag av

hud " , rå , skjelving , nervøs , hjemsøkt av sin forbrytelse , og som så

selv etterpå som " Alone . Naked i verden . Alltid . " Den andre

(" Jimmy ") var " en Glaswegian hard mann , brakt opp på kriminalitet " . han hadde

drepte en mistenkt angiver . " Hvis Jimmy ikke hadde blitt fanget , vil du kjenne

han ville ikke ha gitt det en tanke . " Han husker knapt sitt

kriminalitet , men misliker alt om fengsel . De hvert kom til å se

Macbeth . Mark gjorde ikke liker det, og ønsket Macbeth selv hadde vært mer

heroisk . Jimmy gikk ut etter skuespillet sier ingenting . Antony Sher

skrev: " Jeg frykter det verste igjen . Så jeg får et brev . i snuble

setninger han sier gjentatte ganger hvor flyttet han var . "(SHER , SIDER 336-559 .)

Det kan virke merkelig at stykket nådd , ikke rå følsom mann

uten ytre hud , men den harde man. Kanskje hardhet er den

defensiv vegg , og Shakespeares tragedier noen ganger nå

sårbar person peering gjennom spaltene ?

Den responsive stemmene etter de Broadmoor forestillinger er varierte

nok til å vise at noen pasienter hadde "gi tilbake det de får

fra oss som levende menneskelige følelser " . Det er vanskelig ikke å se tegn på

gjenopplivet emosjonell vekst i måten de spiller nådd inni dem til

fremkalle følelser og refleksjoner , og i hva publikum ga tilbake til

skuespillerne .

Prosjektet var en ny modell for hvordan man kan hjelpe folk hvis verden var

skimtes i " sokratiske " intervjuer . At verden er avgrensa . de

er låst til en smal og stiv moral av gjengjeldelse , konvensjonen

og myndighet . Fremtredende i deres verden er emosjonell avvisning , mangel

av anerkjennelse , blinkers og muren . The Shakespeare

forestillinger kan ha startet å nå " den deadened organ,

fantasi " . Kanskje de gjorde det innesperring litt mindre undertrykkende

og litt lettere å rømme .

Men modellen har åpenbare begrensninger . Ikke alle psykiatriske sykehus

kan trekke på skuespillere , og i hvert fall ikke av denne kvaliteten . og hva

skjer når de har gått ? Fire spiller kan gi et bidrag , men

det ville være vill optimisme å tro at nok til å slå noens liv

runde , selv når de spiller er av Shakespeare og blir handlet ved

beste fagfolk . Prosjektet er sitert her som spesielt

imponerende , men likevel som en blant andre, ikke som en tryllestav .

Det er behov for mange ikke-standard tilnærminger til å gjenopplive moral og

emosjonell vekst . De fleste av dem vil ikke ha alt som gjorde

Shakespeare prosjektet en suksess . Men det er verdt å nevne noen viktige

funksjoner . Skuespillerne viste respekt for pasientene etter deres

vilje til å utføre for dem . Skuespillere og publikum diskuterte

spiller på like vilkår , noe som gjør for noen gjensidighet . Ikke alt var

organisert . Kontakt i løse biter av uplanlagt tid førte til noen av de

beste øyeblikkene : skuespilleren sier " nei takk, elskling " som hun strøk

pasientens arm , og pasientens klem når Ron Daniels nevnt

hans sønn . (Erving Goffman , i Asylums , sa at « vår status er støttet

av de solide bygningene i verden , mens vår følelse av personlig

identitet ofte ligger i sprekker " .)

Kanskje to ting telte mest . Valget av Shakespeares

tragedier , ikke lettere og mindre relevante skuespill , ment å gå dypt . og

det betydde at pasientene hadde sjansen til å gi noe tilbake .

Det bør være mulig å finne opp andre prosjekter som går dypt . og

resiprositet skal være mulig også. Ted Hughes kan være riktig at de fleste

av oss likemann gjennom spaltene i vårt forsvar . Hvis det er tilfelle , kanskje de av

oss med og de av oss uten " antisosial personlighetsforstyrrelse " kan

hjelpe hverandre smash hull gjennom forsvarsmurer .